O. S. v. Bibra

Der Name JESUS

Seine siegende Macht nach dem
Zeugnis des Neuen Testaments

Anhang:
Nur der Geist macht lebendig

R. BROCKHAUS VERLAG WUPPERTAL

R. Brockhaus Taschenbuch Bd. 1002

8. Auflage 1976

Umschlag: Harald Wever, Wuppertal
Gesamtherstellung: Breklumer Druckerei Manfred Siegel

ISBN 3-417-00116-1

Inhaltsübersicht

Sooft ich den Namen *Jesu* schreibe, durchdringt mich ein heiliger Schauer mit freudiger Inbrunst des Dankes dieses »*Jesum* mein zu wissen«. *Was wir an Ihm haben, weiß ich jetzt erst recht.*

Möttlingen, den 9. Juli 1842.

Johann Christoph Blumhardt

Einleitung

Je länger ich das Neue Testament lese, desto deutlicher kommt mir zum Bewußtsein, daß damals in der apostolischen Zeit der Name *Jesus* noch einen ganz anderen Klang gehabt hat als heute unter uns im allgemeinen, — daß die damaligen Gemeinden die rettende Kraft und Herrlichkeit dieses Namens in anderem Lichte gesehen haben als unsere heutigen Gemeinden und ihre Hirten, — daß man damals mit anderer Hingabe, mit mehr Liebe und tieferer Ehrfurcht den Namen *Jesus* ausgesprochen und angerufen hat als heute, — und daß vor allem der *Sieg* dieses Namens damals in ganz anderem Ausmaß erfahren wurde und inmitten der Gemeinden vollmächtiger, wirksamer, durchschlagender in Kraft trat als unter uns heute.

So scheint es mir der Mühe wert zu sein, daß wir uns an Hand des Neuen Testaments einmal besonders über das Geheimnis und die Macht dieses Namens, über seine Bedeutung und Auswirkung für die Gemeinde der Erlösten besinnen.

Es ist ja doch auffallend, wie selten weithin in unserem theologischen und kirchlichen Sprachgebrauch der Name »Jesus« erscheint; ist es nicht sogar dahin gekommen, daß viele Theologen heute — sehr im Unterschied zu dem Theologen Paulus — es bewußt vermeiden, vom »HErrn *Jesus*« zu reden? Jedenfalls hat das Ersetzen dieses Namens durch andere Formulierungen viel dazu beigetragen, daß die einzigartige Bedeutung des Namens »Jesus« weithin aus dem Bewußtsein unserer Gemeinden geschwunden ist. Wenn von »Jesus Christus« die Rede ist, dann meinen heute doch die meisten Christen, das wären zwei gleichwertige Namen, die beliebig miteinander vertauscht werden könnten. Aber so ist es eben nun doch *nicht*. Der Name des Sohnes Gottes heißt »*Jesus*«, so allein nach dem Willen und Befehl Gottes (Matth. 1, 21; Luk. 1, 31) — und nicht anders. »Christus« hingegen ist Sein Amtstitel, den Er trägt als der Messias, der verheißene Gesalbte des HErrn. Es ist mir wohl bewußt, daß die sprachliche Entwicklung, durch die die Worte »Jesus Christus« zu scheinbar gleichwertigen Namen geworden sind, schon im Neuen Testament anhebt; wir müssen uns aber klar machen, daß etwa die Formulierung »unser HErr Jesus Christus« für die Apostel, die sie in ihren Briefen gebrauchten, wie für die Gemeinden, die sie damals in den Briefen lasen, immer folgendes bedeutete: »unser Kyrios, der den Retternamen *Jesus* trägt, in dem der verheißene Messias erschienen ist«. Jedenfalls zeigt der sprachliche Befund des Neuen Testaments immer wieder, gerade an entscheidenden Stellen, ganz deutlich, daß im Bewußtsein der Apostel und ihrer Gemeinden der Unterschied nie vergessen wurde: der Name des HErrn heißt »*Jesus*«; — »Christus« aber ist der Ausdruck Seiner Messiaswürde.

Heute ist dieser Unterschied weithin verwischt oder aber durch eine andere unbiblische Unterscheidung verdrängt; bezieht man doch weithin — besonders in den letzten 100 Jahren — den Namen »Jesus« in der Hauptsache auf das Erdenleben des Menschensohnes, während man Ihn im Stande Seiner Erhöhung — vermeintlich in Übereinstimmung mit dem Sprachgebrauch der apostolischen Verkündigung — als den »Christus« bezeichnet. Diese Unterscheidung bzw. Aufteilung aber ist im Lichte des Neuen Testaments nicht haltbar. Wenn auch Petrus in seiner Pfingstbotschaft das Haus Israel dazu auffordert, auf Grund der Auferweckung des Gekreuzigten mit Sicherheit zu erkennen, »daß Gott Ihn sowohl zum HErrn wie zum Messias gemacht hat, diesen *Jesus*, den *ihr* gekreuzigt habt« (Apg. 2, 36), so ist doch deutlich, daß der HErr schon vorher als der Messias aufgetreten ist und den Christustitel schon im Stande Seiner Erniedrigung für sich in Anspruch nahm und nehmen konnte (vgl. Matth. 16, 16; 26, 63. 64 und oft!); andererseits aber ist vor allem festzustellen — und das ist bisher viel zu wenig beachtet, ja weithin gänzlich übersehen worden —, daß Er, der Messias, auch im Himmel jetzt und für alle Ewigkeit mit Betonung den Namen »*Jesus*« trägt, wie aus zahlreichen Aussagen des Neuen Testaments deutlich hervorgeht. Als Er z. B. vom Himmel herab Seinem Verfolger Saul vor Damaskus begegnet und von diesem voll Furcht und Zittern gefragt wird: »Wer bist Du, Herr?«, antwortet der Erhöhte: »Ich bin *Jesus* aus Nazareth, den du verfolgst« (Apg. 9, 5; 22, 8). Und als Apostel schreibt der gleiche Paulus später: »Darum — d. h. wegen Seiner gehorsamen Selbsterniedrigung — hat Ihn Gott auch überaus hoch erhöht und hat Ihm den Namen **gegeben**, der jeden Namen überragt, auf das in dem Namen *Jesu* sich jedes Knie beuge, sowohl der Himmlischen wie der Irdischen und der Unterirdischen . . . «[1a] (Phil. 2, 9. 10).

Aber nicht nur an dieser zentralen und entscheidenden Stelle erscheint in bezug auf die Erhöhung des Messias mit Betonung der Name »Jesus«, sondern auch sonst an vielen Stellen der apostolischen Briefe. Aus der Fülle der Belegstellen seien wenigstens noch einige einstweilen angeführt: Paulus bezeugt dankbar, wie sich das Wirken des Heiligen Geistes an der Gemeinde von Ephesus zeigt, nämlich an ihrem »Vertrauen auf den HErrn *Jesus* und der Liebe zu allen Heiligen« (Eph. 1, 15). Aber nicht nur der gegenwärtige, sondern auch der in Herrlichkeit wiederkommende Herr trägt diesen einen, alles überragenden Namen: erwarten wir doch Gottes »Sohn aus den Himmeln, den Er von den Toten auferweckt hat, *Jesus*, der uns vor dem kommenden Zorn errettet« (1. Thess. 1, 10); dabei kommt es darauf an, daß unsere Herzen »untadelig in Heiligkeit vor dem Angesicht unseres Gottes und Vaters bei der Ankunft unseres HErrn *Jesus* mit allen Seinen Heiligen« erfunden werden (1. Thess. 3, 13); statt »bei der Ankunft« kann es auch heißen: »beim Offenbarwerden des HErrn *Jesus* vom Himmel her mit den Engeln Seiner Kraft« (2. Thess. 1, 7). Hinsichtlich der im HErrn Entschlafenen ist Paulus der Gewißheit, daß »Er, der den HErrn *Jesus* auferweckt hat, auch uns mit *Jesus* auferwecken und mit Ihm darstellen wird« (2. Kor. 4, 14). — Denselben Sprachgebrauch finden wir im Hebräerbrief: Wie heißt der »große Hohepriester, der die Himmel durchschritten hat«? »*Jesus*, der Sohn Gottes«! (Hebr. 4, 14). So werden wir aufgefordert, aufzuschauen, wörtlich: wegzublicken »auf den Bahnbrecher und Vollender des Glaubens: *Jesus*, der an Stelle der vor Ihm liegenden Freude das Kreuz erduldete, indem Er die Schande nicht achtete, dann aber sich gesetzt hat zur Rechten des Thrones Gottes« (Hebr. 12, 2); denn wir sind ja gekommen »zu dem Mittler des Neuen Bundes: *Jesus*« (Hebr. 12, 24a). »Der Gott des Friedens aber, der aus den Toten herausgeführt

[1a]   Die angeführten Schriftstellen sind stets unmittelbar nach dem Grundtext übersetzt wiedergegeben.

hat den großen Hirten der Schafe durch das Blut eines ewigen Bundes, unseres HErrn Jesus, der wolle euch in allem Guten zubereiten, daß ihr Seinen Willen tut . . .« (Hebr. 13, 20 f.). — In besonderer Weise leuchtet die Bedeutung des Namens »Jesus« aus den Berichten der Apostelgeschichte: man denke allein an den Abschnitt über die Heilung des Lahmen und deren Folgen (Kap. 3, 1 — 4, 31), wo es überhaupt nur um den Namen Jesus geht, der in dem Bericht 14mal Erwähnung findet. Wenn aber die gesamte Verkündigungstätigkeit der Apostel zusammenfassend charakterisiert werden soll, dann heißt es: »Und mit großer Kraft gaben die Apostel das Zeugnis von der Auferstehung des HErrn Jesus« (Apg. 4, 33).

Weiter sei daran erinnert, wie Lukas vom sterbenden Stephanus berichtet, er habe »die Herrlichkeit Gottes und außerdem Jesus zur Rechten Gottes stehen sehen« (Apg. 7, 55). Hierher gehören auch noch einige Stellen aus der Offenbarung: Obwohl der HErr da ja längst die Zeit Seiner Erniedrigung hinter sich hatte, heißt es dort doch mehrfach »das Zeugnis von Jesus« (1, 9; 19, 10; 20, 4); und als Er sich zuletzt noch, um jeden Zweifel an der Urheberschaft des Inhalts der Offenbarung auszuschließen, vom Himmel herab sozusagen vorstellt, tut Er es — als der Erhöhte — mit den Worten: »Ich, Jesus, habe Meinen Engel gesandt, solches für die Gemeinden zu bezeugen« (22, 16). Und wenn wir nach dem urchristlichen Taufbekenntnis fragen, so hieß es bezeichnenderweise nicht: »HErr ist Christus« (denn diese Formel wäre wohl als Pleonasmus empfunden worden), sondern es lautete, wie Paulus es 1. Kor. 12, 3c niedergelegt hat, eindeutig: »HErr ist Jesus« (vgl. auch Röm. 10, 9a!).

Wenn wir also — mit Lukas und Paulus — betont vom »HErrn Jesus« sprechen, dann meinen wir keineswegs nur den sogenannten historischen Jesus, sondern vielmehr im Sinne des Neuen Testaments gleichzeitig den erhöhten Messias Jesus, den regierenden Christus, kurzum: den Kyrios, und damit eben wirklich den HErrn Jesus.

Es ist in diesem Zusammenhang auch aufschlußreich, der Frage nachzugehen, wie die neutestamentlichen Gemeinden den Sohn Gottes im Gebet angeredet haben. Wir haben hierfür nicht viele Belegstellen, da sich die Gebete offenbar meistens im Namen Jesu an den *Vater* richteten. An den zwei Stellen aber, wo eindeutig der Sohn unmittelbar angerufen wird, lautet die Anrede nicht »Herr Christus«[1], sondern beide Male: »HErr *Jesus*«. Das eine Mal ist es der sterbende Stephanus, der mit diesem Gebetsruf als erster Märtyrer sein Leben beschließt: »HErr *Jesus*, nimm meinen Geist auf!« (Apg. 7, 59). Und das andere Mal ist es die wartende Brautgemeinde, die auf die Ankündigung ihres HErrn: »Ja, Ich komme bald« mit dem Ruf antwortet: »Amen, komm, HErr *Jesus!*« (Offb. 22, 20).

Sollten wir nicht einfältig zu dieser Anrede der Urgemeinde zurückkehren? Allerdings wäre es ratsam, zwischen den Worten »HErr — Jesus« (zumindest in Gedanken) eine kleine Pause zu machen, damit es nicht so herauskommt, wie wenn wir vom Herrn Nachbarn reden oder »Herr Kollege« sagen. Welch unendliches Gewicht hat hier doch der Kyrios-Titel, welch erhabene Majestät liegt in der Aussage: Er ist *der* HErr, Er allein als der HErr aller Herren (Phil. 2, 11; Offb. 17, 14; 19, 16); und dieser HErr trägt den Namen — *Jesus*.[2]

Im übrigen steht *Name* im Alten wie im Neuen Testament oft für *Person*. Wenn etwa Petrus von dem Lahmgeborenen

---

[1]   Es ist auffallend, festzustellen, wie *ferne* diese im heutigen kirchlichen Sprachgebrauch so verbreitete Formulierung den Evangelisten und Aposteln gelegen hat. Sie verwenden, wenn sie von ihrem geliebten Meister reden, die allerverschiedensten Formulierungen in bunter Abwechslung und großer Freiheit, nur diese eine gerade *nicht*. So sagen sie etwa: »der HErr«, »der Sohn Gottes«, »Jesus Christus«, »Christus Jesus«, »Jesus«, »Christus«, »der Messias«, »der Messias Jesus«, dann sehr oft (wie wir noch sehen werden) »der HErr Jesus« oder »unser HErr Jesus«, ebenso »unser HErr Jesus Christus«, »Jesus Christus, unser HErr«, »unser Retter«, »das Lamm«, »der Bahnbrecher des Lebens«, »der HErr der Herrlichkeit« u. a. m.; wenn wir dagegen nach der Formulierung »der Herr Christus« suchen, finden wir diese — abgesehen von einer einzigen Stelle, die obendrein in einem besonderen Zusammenhang steht (Kol. 3, 24) — im ganzen Neuen Testament *nirgends*. Das mag vielleicht manchem geradezu unwahrscheinlich klingen, aber der sprachliche Befund des Neuen Testaments läßt daran gar keinen Zweifel. Muß uns das nicht zu denken geben? — Prof. Althaus stellt zu dieser Frage fest: »Ich habe die gerade in Bayern so viel gebrauchte Wendung ›der Herr Christus‹ immer als bibelfremd und wie einen Raub am Namen Jesu empfunden« (in einem Briefe).

sagt: »Durch das Vertrauen auf Seinen Namen hat dieser *Name* — Jesus — diesen Mann, den ihr seht und kennt, gesund gemacht . . .« (Apg. 3, 16a), dann soll das heißen: *Jesus persönlich* hat ihn geheilt!

Warum aber trägt eigentlich unser HErr gerade diesen Namen »*Jesus*«? Weil Er uns errettet hat aus unseren Sünden (Matth. 1, 21). »Jesus« (hebr. Jehoschua) heißt ja auf deutsch übersetzt »Jahwe, der HErr ist (unsere) Rettung«. So liegt eben in diesem Namen die Fülle dessen beschlossen, was uns der HErr mit Seinem Sterben und Seiner Auferstehung erworben hat. In dem Namen *Jesus* kommt der ganze Sieg des Auferstandenen, die ganze Vollmacht des regierenden Christus zum Ausdruck. So unterliegt es keinem Zweifel, daß die Hölle nur vor diesem einen Namen zittert — *Jesus* —, und vor keinem anderen. Von hier aus kann es gewiß nur als eine wohlüberlegte Strategie des Feindes angesehen werden, daß er im Laufe der Jahrhunderte dafür gesorgt hat, daß in der Christenheit der Name »*Jesus*« so in den Hintergrund getreten und wie mit einem Schleier bedeckt worden ist, so daß

---

[2] Schon im Alten Testament spielte ja der *Name* Gottes als Offenbarung Seines Wesens eine große Rolle, vgl. 2. Mose 3, 14. 15: »*Jahwe* ist Mein Name ewiglich, und so will Ich angerufen sein von Geschlecht zu Geschlecht«, hatte Gott zu Mose gesagt. An die Stelle des alttestamentlichen Gottesnamens Jahwe tritt nun im Neuen Testament der Name *Jesus*. In der zur Zeit Jesu viel gebrauchten griechischen Übersetzung des hebräischen Alten Testaments, der sogen. Septuaginta (LXX), wird der Name »Jahwe« mit dem Wort »kyrios« (HErr) wiedergegeben. (Dementsprechend hat ja auch Luther in seiner Übersetzung des Alten Testaments den Gottesnamen Jahwe stets mit »HErr« wiedergegeben; die spätere, in unseren Kirchenliedern noch vorkommende Wiedergabe mit »Jehova« beruhte auf einem Irrtum beim Lesen des hebräischen Urtextes.) Im Neuen Testament aber wird der Kyrios-Titel, wie wir schon sahen, auf *Jesus* angewandt, und infolgedessen werden entscheidende Aussagen über Jahwe nunmehr auf *Jesus* bezogen. Als Beispiel hierfür diene das Wort des Propheten Joel: »Ein jeder aber, der den Namen Jahwes anruft, wird gerettet werden« (3, 5a); auf dieses Prophetenwort beruft sich der Apostel Petrus in seiner Pfingstbotschaft, indem er es in der Übersetzung der Septuaginta folgendermaßen wiedergibt: »Und es wird geschehen: jeder, der den Namen des HErrn anruft, wird gerettet werden« (Apg. 2, 21). Ebenso zitiert es auch der Apostel Paulus in Röm. 10, 13; — beide Apostel aber beziehen es unverkennbar auf *Jesus*.

man die leuchtende Herrlichkeit, die lösende Kraft und die sieghafte Vollmacht dieses Namens vielfach nicht mehr gesehen und darum auch nicht mehr erfahren hat. Das darf nicht so bleiben. Es darf der Name *Jesus* nicht länger so verdeckt bleiben, nicht länger so umgangen und gemieden werden.[2a] Das ist mitnichten nur eine formale Angelegenheit des Sprachgebrauchs, sondern es geht bei der Geringachtung des Namens »Jesus« um etwas Grundsätzliches, Wesentliches und Entscheidendes: es geht dabei, wie es Prof. Heinrich Rendtorff einmal ausgedrückt hat, um die »Verdrängung des Bildes *Jesu*«, Seiner Gestalt und Seiner lebendigen Gegenwart »durch das Theologumenon ›Christus‹«.[3]

Damit stellt der vormalige Landesbischof von Mecklenburg einen sehr ernsten und schwerwiegenden Tatbestand fest: Wenn heute im theologischen Sprachgebrauch von »Christus« geredet wird, dann geht es vielfach gar nicht um die Realität des auferstandenen HErrn, nicht um Seine wirkende Gegenwart, sondern lediglich um einen theologischen *Begriff*.[4] Es wird aber für die Zukunft der Christenheit ent-

---

[2a] »Darum haben wir keinen Grund, denen zu folgen, die in der Kirche den Jesusnamen gering achten und von Jesus lieber mit liturgischen oder theologischen Titeln reden zu sollen meinen. Der Name, den Gott selbst zum Namen über jeden Namen gemacht hat, darf auch uns der größte, höchste und schönste Name sein. Die Gemeinde erfährt es ja auch immer aufs neue: Gerade da, wo alles darauf ankommt, wo sie Menschen mit Vollmacht von Schuld lösen oder in Krankheit aufrichten darf, da, wo sie die schwerste Schlacht zu schlagen, wo sie Finsternismächten entgegenzutreten und Menschen aus teuflichen Banden zu retten hat, da fallen alle liturgischen Ausdrücke und dogmatischen Titel hin, da ist es der einfache *Jesus*name selber, in dem allein alle Vollmacht und der Sieg gegeben ist« (Werner *de Boor*, Die Briefe des Paulus an die Philipper und an die Kolosser, Wuppertal 1957, S. 82). – Auch Helmut *Thielicke* weist auf den Unterschied zwischen dem Jesusnamen und den christologischen Titeln hin, wenn er schreibt: »Wer bei Nennung des Namens ›Jesus‹ eine Gehemmtheit zu überwinden hat, kann jene Freiheit nicht demonstrieren, selbst wenn er pausbäckig alle christologischen Prädikate hinausschmettert« (Vom geistlichen Reden – Begegnung mit Spurgeon. Stuttgart 1961. S. 27).
[3] In einem unveröffentlichten Vortrag.
[4] »Die Falschheit der *unechten* Theologie zeigt sich – wie ich seit Jahren immer wieder öffentlich betont habe – darin, daß man den

scheidend viel davon abhängen, ob man aus der Welt leerer Begriffe, erstarrter Formen, christlicher Schablonen und toter Zeremonien, d. h. aber aus der Welt der bloßen Vorstellungen und frommen *Illusionen* herauskommt und zurückfindet in die Welt des Neuen Testaments: die Welt der Realitäten,[5] der göttlichen Wirklichkeit, hinein in das wunderbare Kraftfeld des Heiligen Geistes, der da HErr ist und lebendig macht, d. h. aber hin zum Auferstandenen selbst, zu Ihm persönlich, der da ist und der da war und der da kommt, — unserem HErrn *Jesus.* Es darf nicht länger das selbstsichere Jonglieren mit theologischen Begriffen und das zwar dogmatisch korrekte, aber doch nur von rein menschlicher Klugheit und Redegewandtheit getragene Lehren und Predigen[5a] über Bibelworte und kirchliche Lehrsätze *verwechselt* werden mit der vollmächtigen Bezeugung des Namens Jesu und Seiner Herrschaft.[6] »Denn nicht nur im Wort — nicht nur in Begriffen,

Namen *Jesus* vermeidet. Der Name *Jesus* ist aber ein Bekenntnis, das wir uns nicht nehmen lassen« (Prof. Otto *Michel).*

[5] Dasselbe Anliegen hat H. *Thielicke,* wenn er schreibt: »Es ist ein Genuß, das Fachwerk alter Äußerlichkeiten einzustoßen und Raum für die Granitmauern der Wirklichkeit zu machen. Das ist einer meiner Hauptzwecke. Möge Gott meinen Bemühungen Erfolg geben!« (A. a. O., S. 40.) — Es sei hier auch hingewiesen auf das hochbedeutsame Buch von Eugen *Edel:* Das Symbol der Stiftshütte und die Kirche Jesu Christi (Fünfte Auflage, Verlag Dr. R. F. Edel, Marburg an der Lahn 1961). Ich wüßte kein zweites Buch, das uns in solcher Weise wie dieses als »Augensalbe« dienen könnte, zu deren Beschaffung uns der HErr ja vom Himmel her mit großem Ernst auffordert (Offb. 3, 18), damit es uns ermöglicht werde, mit Nüchternheit unsere wahre Lage zu sehen und von den so gefährlichen und weitverbreiteten frommen Illusionen geheilt zu werden.

[5a] »Unsere Predigt ist weithin zwar korrekt, sie ist exegetisch ›legitim‹ und handwerklich sauber; aber sie ist auch merkwürdig tot und ohne ansteckende Kraft. Sehr oft steht sie wie ein unwirkliches Gespenst oberhalb dessen und isoliert von dem, was die Menschen als eigentliche Realitäten ihres Lebens empfinden und worüber sie in ihrer Sprache reden. Ganz gewiß ist es für viele Prediger eine Flucht, wenn sie angesichts dieser Fehlanzeige im Verkündigungsbereich nun in die Pflege eines liturgischen Zeremoniells ausweichen und aus der Not der Zeitenthobenheit noch eine Tugend machen« (*Thielicke,* a. a. O., S. 8).

[6] Vgl. hierzu, was der Altbischof von Oldenburg, Prof. D. Dr. Wilhelm *Stählin,* zu Matth. 7, 15–21 schreibt: »Die gefährlichste

›nicht nur im leeren Wortemachen‹! (Bruns) — besteht die Königsherrschaft Gottes, sondern in echter Kraft« (1. Kor. 4, 20); wo die Gottesherrschaft aber besteht, da besteht sie allein in der Kraft, in der Vollmacht, im Sieg des Namens *Jesus*. Wahrlich, es ist kein anderer Name unter dem Himmel den Menschen gegeben, durch den sie die rettende, befreiende, siegende Macht des lebendigen Gottes und Seiner Königsherrschaft erfahren könnten — als allein der Name *Jesus* (Apg. 4, 12; Offb. 12, 10).

Wir werden aber die rettende und siegende Kraft dieses Namens erst dann erfahren, wenn wir unser Leben vorbehaltlos der Herrschaft des HErrn *Jesus* unterstellt haben und dementsprechend versiegelt worden sind mit dem Geist der Verheißung auf den Tag der kommenden und endgültigen Erlösung (Eph. 1, 13; 4, 30; Röm. 8, 9b; Joh. 3, 5!). Die so Versiegelten aber, deren Leben der Heilige Geist für den HErrn in Beschlag genommen hat, haben die *Vollmacht*, sich in ihrem Leben und Dienst auf Seinen erhabenen und sieghaften Namen zu berufen. Wer das hingegen tut, *ohne ein Recht dazu zu haben*, dem kann es so übel bekommen wie den Söhnen

---

Verwechselung, die schlimmste ›Trugprophetie‹, besteht darin, daß das Richtige gesagt, aber eben nur gesagt und nicht vollzogen wird. Die Scheinwirklichkeit des bloßen Wortes ist die spezifische Versuchung der Kirche, die behauptet, vom ›Worte‹ zu leben . . . Sich blenden und berücken zu lassen von den großen und frommen Worten (auch wenn sie richtig sind!), hinter denen kein wirkliches Leben, keine lebendige Verwirklichung steht, ist jene *schlimmste Verwechselung, die unter uns eine so gefährliche Rolle spielt!* . . . Taten, die nicht aus der seinsmäßigen Hingabe an Christus, als Früchte auf dem Baum des Glaubens und der Liebe erwachsen, verstricken den Menschen in Illusionen, und die allgemeine Neigung, das vom Menschen Gemachte mit dem Gewordenen und Gewachsenen (also dem Werk Gottes!) auf eine Stufe zu rücken, wirkt sich nirgends verhängnisvoller aus, als wenn man im geistlichen und kirchlichen Bereich den organisatorischen Betrieb mit den Früchten eines wahrhaft geistlichen Lebens verwechselt . . . *Wie schrecklich, daß es eine Theologie der Verwechselung gibt,* die ›das Wort‹ (nämlich ihr eigenes Reden!) allein gelten läßt und damit den Mangel an geistlichem Leben, geistlichem Wachstum und geistlicher Fruchtbarkeit rechtfertigt! Sehet euch vor vor den falschen Propheten!« (Predigthilfen über die altkirchlichen Evangelien, 2. Aufl., Kassel 1954. S. 117 f.).

jenes Skevas, von denen berichtet wird, daß sie sich — ohne Vollmacht — unterfingen, über Besessenen »den Namen des HErrn *Jesus* auszusprechen« und so den Dämonen zu gebieten, wie sie es bei Paulus gesehen hatten. Sie bekamen von seiten der höllischen Geister die gebührende Antwort und hatten Not, mit dem nackten Leben blutig geschlagen davonzukommen (Apg. 19, 13—16). Wir sehen also, daß es sich um alles andere handelt als um ein Zauberwort, und daß die bloße Nennung dieses Namens noch gar nichts besagt oder nützt, sondern vielmehr geradezu schaden und gefährlich werden kann, solange sie geschieht ohne Vollmacht. Es hüte sich also jeder vor fälschlichem und unberechtigtem Gebrauch dieses Namens!

Die siegende Macht des Namens *Jesus* wird somit nur von denen erfahren werden, die ein Eigentum des HErrn geworden und also, nachdem sie vorher tot waren in ihren Übertretungen, durch Seinen Geist mit Ihm *lebendig gemacht sind* (Eph. 2, 5). (Diese Frage nach der Voraussetzung für die Vollmacht des Namens Jesu soll um ihrer Dringlichkeit willen noch in einem eigenen Anhang unter der Überschrift »Nur der Geist macht lebendig« behandelt werden.)

Für diejenigen aber, die vom HErrn Jesus persönlich ergriffen und durch Seinen Geist versiegelt sind, ist es die größte und unvergleichliche Berufung, in der Vollmacht Seines Namens wirken zu dürfen, d. h. aber nicht nur in Seinem *Auftrag*, sondern auch in Seiner *Kraft*. Was das im einzelnen bedeutet, davon soll im folgenden die Rede sein.

Bevor wir jedoch über die siegende Macht des Jesus-Namens, wie sie sich in der Gemeinde auf *Erden* auswirkt, sprechen, wollen wir uns erst vergegenwärtigen, was dieser Name im *Himmel* gilt und was er für die *Hölle* bedeutet.

A.

Was der Jesus-Name im Himmel gilt

Wenn wir uns fragen, was der heilige Jesus-Name im Himmel gilt, dann kann die Antwort nur lauten: sehr viel. *Wie* viel er freilich für die Himmlischen bedeutet, das können wir kaum von ferne ahnen. Immerhin gibt uns das Neue Testament einige Anhaltspunkte, durch die uns der Heilige Geist dazu verhelfen will, daß auch wir aus dem Namen *Jesus* etwas von jenem Klang heraushören, den dieser Name für die Bewohner des Himmels hat, und daß in unser Herz etwas von jenem Lichtglanz hineinstrahlt, mit dem der Name *Jesus* alle Gebiete der himmlischen Welt erfüllt, daß damit aber auch etwas von der Freude über uns kommt, die die Himmlischen am Namen *Jesus* haben.

1. Wir fassen zunächst das inhaltsschwere Wort des Apostels Paulus aus Phil. 2 ins Auge: Weil unser HErr sich Seiner göttlichen Würde entäußert, Knechtsgestalt angenommen, Sich selbst erniedrigt hat und gehorsam geworden ist bis zum Tode, ja bis zum Tode am Kreuz, — »*darum* hat Ihn Gott auch überaus hoch erhöht und Ihm den Namen verliehen, der jeden Namen überragt, damit im Namen *Jesu* jedes Knie *der Himmlischen* sich beuge . . .« (V. 6—10). Was meint wohl Paulus, wenn er hier die Erhöhung und die Namensverleihung des Messias — als ein offenbar gleichzeitiges Geschehen — zusammenordnet und nebeneinander hinstellt? Hat nicht unser HErr Seinen Jesus-Namen bereits anläßlich Seiner Beschneidung bekommen? Gewiß trägt Er ihn schon seit jenem Tag, aber er ist Ihm bei Seiner Erhöhung offenbar noch einmal in besonderer Weise verliehen bzw. bestätigt worden. Worin aber besteht der Unterschied zwischen der Namensgebung nach Seiner Geburt und der Namensverleihung bei Seiner Erhöhung?

Wir stellen zunächst fest, daß der göttliche Pefehl zur Namensgebung des Kindes zweimal ergangen ist. Schon vor erfolgter Empfängnis hatte der Erzengel Gabriel zu Maria gesagt: ». . . und Seinen Namen sollst du *Jesus* heißen« (Luk.

1, 31b). Aber nicht genug damit. Als ob Gott hätte vorbeugen wollen, daß nicht später aus diesem einen, einfachen und eindeutigen Namen ein Doppelname gemacht würde, hat Er Seinen Befehl durch Engelmund noch ein zweites Mal ergehen lassen, diesmal an Joseph. Inzwischen war durch ein Wunder Gottes — ohne Beteiligung eines Mannes! (Matth. 1, 16. 18; Luk. 1, 34. 35) — kraft des Heiligen Geistes die Zeugung des Sohnes Gottes im Mutterleib Marias geschehen, und nachdem ihr Verlobter dessen inne geworden ist, will er sie verlassen, d. h. sich durch stille Vereinbarung von ihr trennen, um sie nicht verklagen zu müssen. Da empfängt er vom Himmel her die Botschaft: »Joseph, Sohn Davids, scheue dich nicht, Maria zur Frau zu nehmen; denn das in ihr Gezeugte stammt vom Heiligen Geist. Gebären aber wird sie einen Sohn, und Seinen Namen sollst du *Jesus* nennen . . .« (Matth. 1, 20)'. Wie Gott es angeordnet hatte, so geschah es später auch: Joseph gab dem erstgeborenen Sohn seiner Frau den Namen »*Jesus*« (Matth. 1, 25; Luk. 2, 21). So trug unser HErr diesen Namen während Seines ganzen Erdenlebens. Damit wir aber nicht auf den Gedanken kämen, Er habe bei Seiner Rückkehr in die himmlische Welt diesen Namen abgelegt und hieße nun seitdem »Christus« (oder »Jesus Christus«), wird Ihm Sein ursprünglicher Name, den Er auf Erden getragen hatte, ausdrücklich auch für den Himmel verliehen, nämlich der Name *Jesus.* Erfolgte die erste Namensgebung für Sein *Erden*leben, wenn auch auf göttliche Anordnung, so doch effektiv durch einen *Menschen,* nämlich Joseph, — so war es das zweite Mal *Gott Selbst,* der Ihm für den *Himmel* diesen Namen verlieh, Ihn mit diesem Namen »begnadete«, wie es Phil. 2, 9 wörtlich heißt. War die erste Namensgebung am Anfang Seiner irdischen Laufbahn wie eine Verheißung gewesen — »denn Er Selbst wird Sein Volk retten von ihren Sünden« (Matth. 1, 21b) —, wie die Proklamation Seiner wunderbaren Sendung und Seines einzigartigen Auftrages vom Vater, so war die Namensverleihung am Abschluß Seines Erdenweges anläßlich Seiner Himmelfahrt die feierliche und ausdrückliche Bestätigung Seines Vaters, daß die in Seinem Jesus-Namen beschlossene Sendung nunmehr erfüllt und Sein göttlicher Auftrag aufs völligste ausgeführt sei: das *Siegel* des lebendigen Gottes unter das vollendete Werk des Sohnes (Joh. 17, 4b), durch das Ihm bestätigt wurde, Er habe den Jesusnamen auf Erden zu Recht getragen und solle ihn deshalb auch im Himmel für immer behalten.

Wenn wir uns also vorstellen, wie der Sohn nach vollbrachtem Erlösungswerk zum Vater, der Ihn gesandt hatte, zurückkehrte, so muß sich nach dem Zeugnis der Schrift dabei folgendes abgespielt haben: Jesus, der Sohn Gottes, hat die Himmel durchschritten (Hebr. 4, 14), ist dann ein für allemal nicht mit dem Blut von Böcken und Kälbern, sondern mit Seinem eigenen Blut ins himmlische Heiligtum hineingegangen (Hebr. 9, 12), und bevor Er Sich für immer *gesetzt* hat zur Rechten Gottes (Hebr. 10, 12), während ja die alttestamentlichen Priester ihren Dienst im Heiligtum hatten *stehend* verrichten müssen (Hebr. 10, 11 wörtl.), ist Er »von Gott *begrüßt* worden als Hoherpriester nach der Ordnung Melchisedeks« (Hebr. 5, 10), begrüßt worden mit Seinem neuen Namen »*Jesus*«, den Er ja vor Seiner Menschwerdung noch nicht getragen hatte.

2. Zu einem ganz bestimmten Zweck hat Gott Seinem Sohn bei Seiner Erhöhung den Jesus-Namen verliehen: *alle Himmlischen* sollen ihre Knie in diesem Namen beugen. Jede Anbetung also, die dem Vater der Herrlichkeit, dem Gott aller Gnade, dem König der Äonen (1. Tim. 1, 17a) dargebracht wird, geschieht einzig und allein im Namen des HErrn *Jesus*. Nicht anders will Gott geehrt und angebetet sein. Diese Anbetung des gesamten Himmels wird uns Offenbarung 5, 11 f. geschildert; sie geschieht dort mit den Worten: »Würdig ist das *Lamm*, das erwürgt wurde, zu empfangen Kraft und Reichtum und Weisheit und Stärke und Ehre und Verherrlichung und Lobpreis.« Welche Herrlichkeit, was für ein Lichtglanz dabei die Himmel erfüllt, geht daraus hervor, daß sie zu ihrer Erleuchtung weder das Licht der Sonne noch des Mondes, geschweige denn das von Lampen benötigen (Offb. 21, 23a; 22, 5); denn ihre Leuchte ist das *Lamm* (Offb. 21, 23c). So groß also ist der göttliche Lichtglanz, der vom Angesicht unseres HErrn *Jesus* ausstrahlt, daß alle Stufen, Sphären und Regionen der himmlischen Welt davon bis in alle Ewigkeit taghell erleuchtet sein werden; denn »Nacht wird es

keine mehr geben« (Offb. 22, 5a). Das ist die Stadt, die die festen Grundmauern hat, deren Bildner und Erbauer Gott selbst ist; nach ihr hat schon Abraham ausgeschaut, sie hat er sehnsuchtsvoll erwartet — und auch tatsächlich erreicht (Hebr. 11, 10; Luk. 16, 22 ff.)! Nach ihr dürfen auch wir uns ausstrecken, nach ihr sollen wir suchen mit ganzer Hingabe, damit wir sie auch finden und erlangen wie er (Hebr. 13, 14; Phil. 3, 13; Kol. 3, 1. 2). Das ist die ewige Herrlichkeit unseres Gottes, in die Er uns hineinrufen will (1. Petr. 5, 10), das Ziel, dem wir nachjagen sollen, der Kampfpreis der Berufung nach oben, die Gott im Namen des Messias *Jesus* an uns hat ergehen lassen (Phil. 3, 14), das unvergängliche und unentweihte und unverwelkliche Erbteil, das Gott in den Himmeln denen bereitet hat, die Ihn wirklich lieben (1. Petr. 1, 4; 1. Kor. 2, 9c), die mit Liebe — wie eine Braut die Vereinigung mit ihrem Bräutigam — die Erscheinung ihres HErrn *Jesus* erwarten und herbeisehnen (2. Tim. 4, 8d; Luk. 12, 35—37; 1. Kor. 16, 22b; Offb. 22, 17. 20). So gibt es unter allen Himmlischen nicht den geringsten Zweifel darüber, welcher Name es ist, der jeden anderen Namen überragt, und der gesamte Himmel hallt wider vom Ruhm und Lob und Preis dieses Einen Namens, dem kein anderer gleicht: *Jesus.*

3. Haben wir bisher von der Anbetung der Himmlischen insgesamt gesprochen, so wollen wir uns nun den Engeln im besonderen zuwenden. Sie sind ja am Ergehen der Erlösten auf Erden, am Weg der Gemeinde Gottes durch diese Welt viel stärker beteiligt, als wir im allgemeinen ahnen. Wohl sehen sie allezeit das Angesicht des Vaters in den Himmeln, wie der HErr gesagt hat (Matth. 18, 10b), und doch lagern sie sich auf Erden rings um die her, die den HErrn fürchten, um sie zu erretten, zu befreien und ihnen die Hilfe Gottes zu bringen (Ps. 34, 8). Sind sie doch alle Geister, die heiligen Dienst versehen, vom Thron des Allerhöchsten ausgesandt zum Dienst um derer willen, die das Heil ererben sollen (Hebr. 1, 14). So weit geht die Fürsorge unseres himmlischen Vaters für die Geliebten Seines Sohnes, daß Er ihnen Seine Engel — nicht »Englein«! — als starke Helden, die Seine Befehle ausführen (Ps. 103, 20), an die Seite stellt, daß sie sie begleiten, unterstützen und behüten auf allen ihren Wegen

(Ps. 91, 11. 12), also nicht nur in besonderen Augenblicken der Not und Gefahr, sondern überall und allezeit. So haben Jesu Jünger nicht nur zeitweise Engelschutz, auch nicht wechselnd diesen oder jenen Engel an ihrer Seite, sondern ihre ganz bestimmten, gerade für sie ausgesandten Engel, weshalb der HErr auch ausdrücklich sagt: »*ihre* Engel« (Matth. 18, 10b), d. h. ihre persönlichen Engel.[1] Wie stark die Gemeinde der apostolischen Zeit in dem Bewußtsein lebte, daß jeder, der sein Leben dem HErrn *Jesus* anvertraut hat, seinen persönlichen Engel hat, wird beispielhaft an der Stelle Apg. 12, 15 deutlich: Als Petrus nach seiner wunderbaren Befreiung aus dem Gefängnis die (bei der Mutter des Markus) versammelten Geschwister aufsucht und an die Tür klopft, lautet deren erste und nächste Vermutung: »Es wird sein Engel sein!« So selbstverständlich war es ihnen, daß jeder Jünger seinen besonderen Engel hat, der ihn auf seinem ganzen Lebensweg begleitet, bis er ihn schließlich nach seinem Heimgang in die himmlische Welt bringen darf (Luk. 16, 22a).[2]

Wenn aber die Engelwelt so eng und unmittelbar mit der

---

[1]   Es ist ein großes Mißverständnis, wenn diese Stelle nur auf die Kinder bezogen wird. Wohl hatte der HErr in V. 3 die Kinder als Vergleich herangezogen, aber in den weiteren Versen meint Er nicht nur die Kinder, sondern auch »die Geringen« (V. 10a), die sich selbst erniedrigen (V. 4), die ihr Vertrauen auf Ihn setzen (V. 6a), die Armen im Geiste (Matth. 5, 3), die Unmündigen (Matth. 11, 25).

[2]   Daß die Seele nach ihrem Abscheiden in der anderen Welt weiterlebt und, wenn sie errettet war, sofort beim HErrn mit Ihm vereint ist, sagt auch Paulus ausdrücklich (Phil. 1, 23). Hierher gehört auch das Wort an den Schächer zur Rechten: »Heute noch wirst du mit Mir im Paradiese sein!« (Luk. 23, 43). Und wo kämen die Seelen der Märtyrer her, die Johannes »unter dem Altar« im Himmel sieht und die ihre fragenden Rufe an den HErrn, den Heiligen und Wahrhaftigen, richten (Offb. 6, 9 f.), wenn sie nicht dorthin gelangt wären, als der HErr sie von der Erde abgerufen hatte? Und woher hätten die Propheten Mose und Elia kommen sollen, als sie den HErrn auf dem Berge der Verklärung besuchten (Matth. 17, 3), wenn ihre Seelen nicht schon in die Welt der Geister aufgenommen gewesen wären? Und wie hätte der Prophet Samuel dem verzweifelten Saul bei der Totenbeschwörerin von Endor vom Jenseits her erscheinen und zu ihm reden können (1. Sam. 28, 7—20), wenn es kein Weiterleben der Seele gäbe, wie etliche behaupten?! Es sei in diesem Zusammenhang auch daran erinnert, daß der HErr nach Seinem Kreuzestod »hinabgestiegen ist in die Gebiete unter der Erde« (Eph.

Gemeinde auf Erden verbunden und an ihrem Ergehen beteiligt ist, kann es nicht überraschen, wenn jede Errettung eines Verlorenen heilige Freude bei den Engeln Gottes auslöst: »Ich sage euch: so wird Freude sein im Himmel über einen einzigen Sünder, der umkehrt, mehr als über neunundneunzig Gerechte, die kein Bedürfnis nach Umkehr haben«, spricht der HErr (Luk. 15, 7. 10). Und nachdem uns Menschen unter dem Himmel nur ein einziger Name zu unserer Errettung gegeben ist, besteht kein Zweifel darüber, daß die Engel Gottes über jedem Sünder, der umkehrt und sich retten läßt, den Namen *Jesus* rühmen werden. Wie muß da erst in Erweckungszeiten der Himmel erfüllt sein vom Lobpreis des Namens »*Jesus*«! Und wie wird vollends der Sieg des Lammes besungen werden, wenn es einmal heißen kann: »Jetzt tritt in Erscheinung das Heil und die Kraft und die königliche Herrschaft unseres Gottes und die Vollmacht Seines Gesalbten, denn gestürzt ist der Verkläger unserer Brüder, der sie verklagt hat vor den Augen unseres Gottes bei Tag und Nacht; und sie haben ihn überwunden durch das Blut des Lammes und durch das Wort ihres Zeugnisses . . .« (Offb. 12, 10 f.); ihr Zeugnis aber heißt: *Jesus* (V. 17c!).

4. Rühmen schon die geschaffenen Engel, die aus eigener Erfahrung nichts von der Erlösung wissen, den Namen *Jesus*, — wieviel mehr diejenigen, die sich »durch den Mittler des Neuen Bundes, *Jesus*«, erkauft wissen, sich durch Sein »Besprengungsblut« haben reinigen, bewahren und vollenden lassen, so daß sie nun als »Geister der vollendeten Gerechten« ihren Platz haben in der »Stadt des lebendigen Gottes, dem himmlischen Jerusalem« (Hebr. 12, 22 ff.). Sie singen am Throne des Lammes das neue Lied mit den Worten: »Würdig bist Du, . . . denn Du hast Dich erwürgen lassen und hast uns für Gott mit Deinem Blut erkauft . . . zu einem Königtum und zu Priestern . . .« (Offb. 5, 9 f.). Was für eine große Bedeutung dabei der Name *Jesus* für ihr himmlisches Leben bis in alle Ewigkeit haben und behalten wird, ist daraus zu ersehen, daß sie diesen Namen an ihren Stirnen tragen werden,

---

4, 9), um dort den Geistern der in Sünde und Ungehorsam Verstorbenen in ihrem Gefängnis die Heroldsbotschaft von der vollbrachten Erlösung zu bringen (1. Petr. 3, 19 f.).

wie geschrieben steht: ». . . und Sein Name wird an ihren Stirnen stehen« (Offb. 22, 4b). So sehr also ist ihr Wesen geprägt vom HErrn *Jesus* und Seiner Art, so völlig sind sie verwandelt in Sein heiliges Ebenbild, daß der Name *Jesus*, wie hier schon auf Erden, so auch bis in alle zukünftigen Äonen das Kennzeichen, das leuchtende Signum aller derer sein wird, die Er durch Sein Blut erlöst und dazu berufen hat, daß sie »als Priester Gottes und des Messias« (Offb. 20, 6) Ihn verherrlichen, Ihm dienen, Sein Angesicht schauen dürfen (Offb. 22, 3c. 4a) und mit Ihm als Könige regieren werden, nicht nur die tausend Jahre Seines messianischen Friedensreiches hindurch (Offb. 20, 6), sondern bis in alle Ewigkeit (22, 5d). Es wird also der HErr *Jesus* mit Seiner Liebe und Seinem ganzen Wesen derart aus Seinen Heiligen in der Vollendung herausleuchten, daß man sie gar nicht anschauen kann, ohne über ihnen den Namen *Jesus* zu preisen. Eben dies soll ja schon hier auf Erden geschehen, daß unser Leben transparent werde für das Leben unseres auferstandenen HErrn und also »das Leben *Jesu* an unserem sterblichen Leibe schon offenbar werde« (2. Kor. 4, 10 f.), daß die guten Werke, die wir in Seiner Kraft tun dürfen, die Er schon im voraus bereitet hat, damit wir nur noch in ihnen zu wandeln brauchen (Eph. 2, 10), so eindeutig göttliches Gepräge, so unverkennbar die Art Jesu tragen, daß die Leute darüber unmittelbar den Vater in den Himmeln und den Namen unseres HErrn *Jesus* rühmen müssen (Matth. 5, 16; 2. Thess. 1, 12). Überhaupt besteht zwischen der oberen Schar und der Gemeinde hier im Staube ein so enger, organischer Zusammenhang, eine so innige lebensmäßige Gemeinschaft auf Grund ihrer gemeinsamen Gliedschaft am Leibe ihres erhöhten HErrn, daß es Hebr. 12, 22 überraschenderweise nicht heißt: »ihr werdet einmal zum Berge Zion und zur Stadt des lebendigen Gottes . . . kommen«, sondern stattdessen: »vielmehr *seid* ihr gekommen zu . . . dem himmlischen Jerusalem, den Myriaden von Engeln, der Festversammlung und der Gemeinde der Erstgeborenen, die in den Himmeln eingetragen sind . . .«! Dasselbe bezeugt uns der Apostel Paulus mit freudiger Gewißheit: »Unser Bürgertum, unser eigentliches Heimatrecht hat sein Dasein — jetzt schon! — *in den Himmeln*, von wo wir auch als Retter unseren HErrn *Jesus*, den Messias, zurückerwarten, der umwandeln wird unseren Niedrigkeitsleib zur Gleichgestaltung mit Seinem Herrlichkeitsleib — gemäß der Kraft, mit der Er imstande ist, sich auch das Weltall untertan zu machen« (Phil. 3, 20 f.). So gehören die Wiedergeborenen als Glieder am Christusleib schon auf Erden ihrer Berufung und Stellung nach zum Himmel, und die Vollendeten ihrerseits nehmen engsten Anteil am Weg ihrer Brüder, die noch im Kampfe stehen; nicht umsonst heißt es, daß wir »eine so große Wolke von Zeugen haben, die *uns umlagert*« (Hebr. 12, 1a wörtl.). Was uns aber mit der Wolke der vollendeten Zeugen zutiefst verbindet, ist der Name *Jesus*; ihn rühmen wir mit ihnen gemeinsam.

Niemand aber denke, daß er das neue Lied, das dem Namen *Jesus* gilt, einst am Thron des Lammes singen werde, wenn es nicht hier schon sein Herz und seinen Mund erfüllt hat. Wird es denn nicht jeden Sonntag in unseren Gottesdiensten und Versammlungen gesungen? O, daß es so wäre! Ob wir aber das neue Lied wirklich haben oder nicht, entscheidet sich nicht am Sonntag in der Gemeinde, sondern am Werktag in Haus und Beruf. Und wie oft ist dann von denen, die am Sonntag die frommen Lieder und also vermeintlich das »neue Lied« singen, im Alltag ihres Lebens etwas ganz anderes zu hören, nämlich durchaus das *alte* Lied ihres Schimpfens, ihres Klagens, ihres Streitens, ihres Schwätzens, ihres Kritisierens, ihres Nörgelns, vielleicht sogar ihrer Zoten oder ihres Fluchens. Das »neue Lied« kann man nämlich auch nicht lernen, nicht einstudieren — selbst der beste Kirchenchor nicht! —, das neue Lied bekommt man *geschenkt;* darum heißt es: »Und ER hat mir ein neues Lied in meinen Mund *gegeben*...« (Ps. 40, 4a). Und wie bekommt man es? Eben dadurch, daß man sich »aus der Grube des Verderbens, aus dem tiefen Schlamm« herausziehen läßt (Ps. 40, 3) von der durchbohrten Hand des HErrn *Jesus*.

Wohl uns, wenn wir hier schon und auf ewig das neue Lied singen dürfen — zur Ehre des Lammes!

5. Wenn wir aber vom Himmel reden und davon, was der Name *Jesus* im Himmel gilt, handelt es sich nicht nur um die Engel Gottes und die vollendeten Gerechten, sondern vor al-

lem auch um den Heiligen Geist, der »da HErr ist und lebendig macht, der vom Vater und vom Sohne ausgeht, mit dem Vater und dem Sohne zugleich angebetet und geehrt wird und durch die Propheten geredet hat« (Nicänum). Von Ihm sagt der HErr *Jesus*: »Jener wird Mich verherrlichen, denn von dem Meinigen wird Er nehmen und euch kund tun« (Joh. 16, 4). Das ist ein heiliger Vorgang innerhalb der himmlischen Welt: Der Paraklet, unser göttlicher Beistand, der »andere Helfer« (Joh. 14, 16) nimmt aus der Fülle, die im Namen *Jesus* beschlossen liegt, gibt davon an die Gemeinde weiter, teilt davon unter den Jüngern aus, macht die Herrlichkeit des HErrn *Jesus* kund auf Erden. Daß die Siegesgewalt des Auferstandenen von den Seinen erfaßt und in ihrem Leben wirksam werde, das ist Sein heiliges Anliegen, und dahin zielt Sein Wirken. Daß sich erfüllen kann, was der Meister ihnen nicht im Hinblick auf Seine seltenen Ostererscheinungen, wohl aber auf die Zeit nach Pfingsten, also auch auf unsere Gegenwart zugesagt hat: »*ihr* aber werdet Mich sehen« (Joh. 14, 19b) — gewiß nicht mit leiblichen Augen, um so mehr aber »mit den erleuchteten Herzensaugen«! (Eph. 1, 18a) —, dazu ist der »Geist der Weisheit und Offenbarung« (Eph. 1, 17b) vom Himmel aus tätig. Als »Geist der Wahrheit« bringt Er durch *Jesus* die Wirklichkeit des lebendigen Gottes in unser Leben hinein. Durch das Offenbarungswirken des Heiligen Geistes können auch wir mit Johannes bezeugen: »Wir haben Seine Herrlichkeit geschaut, ja, eine Herrlichkeit, wie sie ein einziger Sohn empfängt von seinem Vater: voller Gnade und Wahrheit« (Joh. 1, 14b nach Albrecht): das ist *Jesus*. So aber will der Heilige Geist die Herrlichkeit *Jesu* nicht nur für uns sichtbar werden lassen, sondern auch *durch* uns offenbaren. Deshalb schreibt Paulus: »Denn derselbe Gott, der gesagt hat: Aus der Finsternis soll Licht aufstrahlen!, Er ist es, der auch in unseren Herzen das Licht hat aufgehen lassen, damit (durch uns auch anderen!) die Erkenntnis der Herrlichkeit Gottes aufgehe, wie sie vom Angesicht des Messias ausstrahlt« (2. Kor. 4, 6). Wie aber geschieht das? »Indem wir alle mit unverhülltem Angesicht die Herrlichkeit des HErrn wie in einem Spiegel schauen, werden wir in dasselbe Bild verwandelt, so daß Seine Herrlichkeit die unsere wird; das kann nicht anders sein, weil der HErr, das heißt der Geist, hier wirksam ist« (2. Kor. 3, 18 nach Albrecht). So können wir ein »Brief« unseres HErrn werden, der nicht mit Tinte geschrieben ist, sondern mit dem Geist des lebendigen Gottes (2. Kor. 3, 3): ein Brief, durch den die Menschen unseren unsichtbaren HErrn *Jesus* kennenlernen sollen.

6. So viel also gilt der Name *Jesus* im Himmel, daß sich alle Seine Bewohner vor Ihm neigen: die Myriaden von Engeln, an ihrer Spitze die Erzengel, die Cherubim und die Seraphim, die »lebendigen Wesen« (Offb. 4, 6 ff.)[3], und die gesamte Hierarchie der geschaffenen Engel, ebenso wie die Gemeinde der Erstgeborenen, repräsentiert durch die 24 Ältesten (Offb. 4, 4 ff.). So viel gilt der Name *Jesus* im Himmel, daß der Heilige Geist nur das eine Anliegen hat, die Herrlichkeit dieses Namens zu beleuchten, zu entfalten, zu offenbaren, indem Er aus der Fülle *Jesu* schöpft und weitergibt. Doch es ist vom Himmel noch mehr zu sagen:

Wie unaussprechlich teuer und kostbar ist der Jesus-Name dem *Vater* selbst! Warum? Weil dem Vater in dem Namen »*Jesus*« der ganze Leidens- und Opferweg des einziggeborenen Sohnes vor Augen steht. Von Ewigkeit her war der Sohn aufs engste mit dem Vater vereint: »Im Anfang war das Wort, und das Wort war hingewandt zu Gott, und göttlichen Wesens war das Wort« (Joh. 1, 1); der Sohn im Vater, der Vater im Sohn. Aber den Namen »*Jesus*« empfing Er erst, als Er Sich Seiner göttlichen Würde beim Vater entäußert und Knechtsgestalt angenommen hatte; das war der Name Seiner Selbsterniedrigung, der Name, den Er erst erhielt, als Er — in der Krippe lag. Mit dem Namen *Jesus* ist für den Vater der Weg des Gehorsams und des Opfers umrissen, den der Sohn um unsertwillen gegangen ist — von der Krippe bis zum Kreuz. Im Namen *Jesus* liegt also für den Vater das Leiden des geliebten Sohnes beschlossen, das dieser für uns auf sich genommen hat, — und damit aber auch gleichzeitig Sein *eigenes* Leiden.

---

[3]   Keinesfalls »Tiere« (wie einige übersetzen)! Die Tiere erscheinen erst in Offb. 13, und zwar als die Abgesandten der *Hölle*. Welch schauerliche Vermischung der Begriffe!

Was es ist um dieses Leiden des allerheiligsten Vaterherzens, will ich — mit aller gebührenden Ehrfurcht — an der Stelle aufzuzeigen versuchen, an der es seinen Höhepunkt erreicht hat, nämlich in der Stunde der Nacht, aus der heraus der entsetzliche Schrei erscholl: »Mein Gott, Mein Gott, warum hast Du Mich verlassen?!« (Matth. 27, 46). — So furchtbar also ist unsere Sünde in den Augen des heiligen Gottes, daß Er Sein Angesicht vor dem Sohn Seiner Liebe verbergen und sich von Seinem Erwählten zurückziehen mußte, als diese unsere Sünde, ja die Schuld der gesamten Menschheit auf des Gekreuzigten Schultern lag — hatte Er doch an Seinem eigenen Leibe unsere Sünden hinaufgetragen auf das Holz (1. Petr. 2, 24a). Was aber mußte es für den Sohn bedeuten, sich von Seinem Vater verlassen zu sehen! War es doch zeit Seines Lebens Sein stetes und heiliges Anliegen gewesen, die Verbindung mit dem Vater nicht zu verlieren! »Das ist Meine Speise, den Willen Dessen zu tun, der Mich gesandt hat«, hatte Er selbst gesagt (Joh. 4, 34). Für den Vater dazusein, — davon lebte Er. Das war Ihm Lebensbedürfnis, das war Seine Freude, durch ständige Erfüllung der göttlichen Aufträge in engster und ununterbrochener Gemeinschaft mit dem Vater stehen zu können und also in Dessen Liebe zu bleiben (Joh. 15, 10; Ps. 40, 9!). Nie war es anders gewesen, nie war diese Gemeinschaft auch nur im geringsten getrübt oder gestört worden. Und nun plötzlich — vom Vater getrennt! Was das für den Sohn gewesen sein muß, kann sich niemand von uns gefallenen Geschöpfen vorstellen, weil ja für uns alle das Getrenntsein von Gott zunächst der traurige Zustand ist, in dem wir Adamskinder — ohne Ausnahme — uns vorfinden als solche, deren Herz von Jugend auf böse ist und die allesamt von Gottes Wegen abgewichen sind. Wir haben uns ja sogar — leider — mit diesem Zustand des Getrennt-Seins von Gott weithin schon abgefunden. Deshalb ahnen wir nicht von ferne, wie entsetzlich und unerträglich es für den Sohn, der immer in der Liebe Seines Vaters, immer im Gehorsam, immer in Gott geblieben war, gewesen sein muß, sich nun am Kreuz von Ihm, der Quelle Seines Lebens, verlassen zu wissen.

Was aber muß es erst für den *Vater* gewesen sein, aus dem Munde des geliebten Sohnes diesen Schrei zu vernehmen:

»Mein Gott, Mein Gott, warum hast Du Mich verlassen?«!
Wie muß Ihm dieses Wort ins Herz geschnitten haben! Wie
gerne würde Er wohl dem immer gehorsamen Sohn gerade
jetzt, da dieser am Kreuz Seinen Gehorsam im Leiden *vollendete* und in Seiner körperlichen Qual des göttlichen Trostes
besonders bedurft hätte, zugerufen haben: Nein, Ich habe
Dich nicht verlassen; sei getrost, Ich bin auch jetzt bei Dir und
Mein Angesicht leuchtet Dir! Aber der Vater durfte und
konnte es nicht — um Seiner Heiligkeit willen! Wer kann er-
messen, was der Vater in jenen Stunden — um den Sohn — mit
dem Sohn — durchlitten hat?! Niemand von uns kann ermes-
sen, wie groß die Passion des Vaters gewesen ist.

Ein Doppeltes aber können wir doch: Wir können angesichts dieses unvorstellbar großen Opfers, das der Vater für
uns gebracht hat, etwas davon ahnen, wie groß Seine erbar-
mende Liebe zu uns sein muß. So sehr also hat Gott die Welt
geliebt, daß Er Seinen Sohn in die Gottverlassenheit dahin-
gab und selbst solches Leiden auf Sich nahm, damit wir gerettet würden und an Sein Vaterherz zurückfänden! Zum anderen können wir ahnen, wie viel der Name *Jesus* dem Vater
bedeuten muß. Denn es steht Ihm mit diesem Namen nicht
nur das Leiden und Opfer des Sohnes, sondern Sein eigenes
Leiden vor Augen, das Er aus Liebe zu uns auf Sich genommen hat. Weil für den Vater Sein Opfer uns zugut auf ewig
mit dem Namen »Jesus« verknüpft ist, deshalb ist er Ihm so
unaussprechlich kostbar. So ist das Herz des Vaters bewegt
beim Klang dieses Namens, denn es gibt im Himmel und auf
Erden keinen Namen, der Ihm teurer wäre als der Name *Jesus*.
In ihm will Er uns annehmen, in ihm uns erhören, in ihm uns
ins Erbteil setzen.

B.

Der Jesus-Name in der Hölle

Es liegt mir fern, in diesem Zusammenhang über die Hölle so ausführlich zu reden wie über den Himmel, weil nämlich auch das Neue Testament in seinen Aussagen über Hölle und Hades wesentlich zurückhaltender ist als beim Himmel. Immerhin finden wir auch in dieser Beziehung einige Streiflichter in der Schrift, die ich nachzuzeichnen versuchen möchte.

Was der Jesus-Name für die Hölle bedeutet? Furcht und Schrecken! So sehr dieser Name im Himmel geliebt, geehrt und gerühmt wird, so sehr wird er in der Hölle gefürchtet. Dies aber vor allem seit jenem Augenblick, da der HErr *Jesus* sterbend am Kreuz gerufen hat: »Es ist vollbracht!« Da bebte nicht nur die Erde (Matth. 27, 51), sondern da erbebte die Hölle in ihren Grundfesten, denn durch das Opfer des Lammes war dem Feind sein Anrecht auf das Menschengeschlecht genommen, die Schuldschrift beseitigt (Kol. 2, 14), der Stärkere hatte den Starken überwunden (Luk. 11, 22; Offb. 5, 5), ihn gebunden (Matth. 12, 29), ihm seine gesamte Waffenrüstung abgenommen (Luk. 11, 22) und also ihn mit allen ihm unterstehenden Mächten, Geistern und Gewalten völlig entwaffnet, öffentlich an den Pranger gestellt und einen Triumph über sie alle davongetragen (Kol. 2, 15). Gleichzeitig war auch dem Tode die Macht genommen (2. Tim. 1, 10b), so daß sich die Herrschermacht Jesu nicht nur auf die Hölle im eigentlichen Sinn erstreckt, sondern auch auf das Totenreich (griech. »Hades«)[4] und damit auf das gesamte Gefängnis der Geister. Sagt doch der erhöhte HErr zu Johannes ausdrücklich: »Fürchte dich nicht; Ich bin der Erste und der Letzte und der Lebendige; auch Ich wurde ein Toter (Ich habe Mich töten lassen), aber siehe, lebendig bin Ich (nun) bis in die Zeitalter der Zeitalter (in alle Ewigkeiten hinein), und Ich habe die Schlüssel des Todes und des Totenreiches« (Offb. 1, 17. 18). Das verdanken wir Seiner Menschwerdung und Seinem Opfertod, wie

---

[4]   Luther macht in seiner Übersetzung zwischen Hölle und Hades keinen Unterschied.

geschrieben steht: »Weil nun die Kinder am Blut und Fleisch Anteil haben, hat auch Er Selbst, in nächster Nähe, daran teilgenommen, damit Er durch Sein Sterben den zunichte mache, der die Macht über den Tod hat, nämlich den Teufel, und alle die in Freiheit setze, die durch Furcht vor dem Tode während ihres ganzen Lebens der Knechtschaft verfallen waren« (Hebr. 2, 14 f.). Was für ein Ereignis muß es für die Geister im Hades gewesen sein, als der HErr Jesus am Karfreitag nach vollbrachtem Sieg in ihrem Gefängnis erschienen ist, um ihnen die Kunde von der für sie erworbenen Erlösung zu bringen (1. Petr. 3, 19)! Seitdem besitzt Er die Schlüssel zu diesem Gefängnis — und wo Er aufschließt, kann Ihm niemand widerstehen, kann niemand mehr zuschließen (Offb. 3, 7). So kann Petrus sogar die Vollmacht bekommen, im Namen Jesu die bereits verstorbene Tabea aus dem Totenreich zurückzurufen — und siehe da: sie wird wieder lebendig! (Apg. 9, 36–42). Hatte doch der HErr in prophetischer Gewißheit von Seiner Gemeinde gesagt: »Selbst die Pforten des Totenreiches werden sie nicht überwältigen« (Matth. 16, 18). »Denn wie der Vater die Toten auferweckt und lebendigmacht, so macht auch der Sohn diejenigen lebendig, welche Er will« (Joh. 5, 21). So ist Jesus Herr über Hölle und Hades, Sieger über Tod und Teufel, Gebieter über die Dämonen und alle Mächte der Finsternis.

Schon während Seines Erdenlebens wurde deutlich, daß sich die Dämonen keinen Augenblick darüber im unklaren waren, daß ihnen in Jesus der Stärkere entgegentrat, der dazu erschienen war, die Werke ihres obersten Fürsten aufzulösen (1. Joh. 3. 8b). Mit welchem Entsetzen haben deshalb die höllischen Geister manchmal dem HErrn Jesus geradezu entgegengeschrien, weil sie wußten, daß sie vor Seiner Gegenwart sich nicht halten konnten! Etwa Mark. 1, 24 (und an den Parallelstellen), wo ein unsauberer Geist dem HErrn zurief: »Was haben wir und Du miteinander zu tun, Jesus aus Nazareth? Du bist gekommen, uns zugrunde zu richten! Ich weiß schon, wer Du bist — der Heilige Gottes!« Vgl. auch Mark. 5, 7 oder Luk. 4, 41: »Es fuhren aber auch Dämonen aus von vielen, indem sie schrien und sagten: ›Du bist der Sohn Gottes!‹; Er aber, da Er sie bedrohte, ließ sie nicht sprechen, denn sie wußten, daß Er der Messias sei.« Sie hatten auch wahrlich allen Grund, vor dem HErrn *Jesus* zu zittern, denn wo immer Er auf die Dämonen stieß, gebot Er ihnen mit solcher Siegesgewalt, daß sie unweigerlich ausfahren mußten. So berichtet z. B. Lukas anläßlich einer Besessenenheilung: »Und es kam ein Erschauern über alle, und sie besprachen sich untereinander und sagten: ›Was ist das für ein Wort? Denn mit *Vollmacht* und *Kraft* gebietet Er den unreinen Geistern, — und sie fahren aus‹« (4, 36). Hatte Er sich also schon damals auf der ganzen Linie als der Stärkere erwiesen, wieviel mehr mußte nun nach Kreuz und Auferstehung die Vollmacht des lebendigen Gottes, die im Namen *Jesus* beschlossen liegt, die Geister der Hölle in Schrekken versetzen. Sobald nämlich der Name *Jesus* gegenüber den höllischen Mächten in Vollmacht ausgerufen wird, tritt Sein Sieg über sie in Kraft. Deshalb müssen sie das Feld räumen, sobald ihnen — in Vollmacht — der Name *Jesus* begegnet. Deshalb fürchtet die Hölle nichts so sehr, als daß sich die Gemeinde wieder besinnen könnte auf die Kraft des Namens *Jesus* und daß sie die in diesem Namen gegebene Vollmacht wieder zurückgewinnen könnte. Denn darauf kommt nun freilich alles an, ob wirklich Vollmacht vorliegt oder ob die Berufung auf den Namen des HErrn in Anmaßung geschieht. Wie lächerlich man sich vor der Hölle machen kann, wenn man ohne Vollmacht im Namen *Jesu* zu handeln sich erdreistet, das sahen wir schon an den Söhnen des Hohenpriesters Skevas. Sie bekamen auf der Stelle die höhnische Antwort: »*Jesus* kenne ich wohl, auch über Paulus weiß ich Bescheid; *ihr* aber, wer seid ihr eigentlich?« (Apg. 19, 15). Es ist, als hätte das heißen sollen: vor *Jesus* zittern wir (vgl. Jak. 2,19b!), auch diesen Paulus müssen wir respektieren, weil er Vollmacht von oben hat; aber ihr, ihr könnt uns gar nicht imponieren, euch lachen wir aus, euch jagen wir davon — was sie denn auch tatsächlich getan haben (V. 16). Könnten wir sehen, wie wir von der Hölle ausgelacht werden, wo immer uns die Berufung auf den Namen unseres HErrn bzw. des dreieinigen Gottes zu einer äußeren Gewohnheit, zu einer leeren Formel, zu einer gedankenlos gehandhabten Zeremonie geworden ist, — wir würden wohl bis ins Mark erschrecken und bitten: HErr, vergib mir, daß ich Deinen Namen in Ausübung meines Amtes so viel mißbraucht, gedankenlos, unnütz, anmaßend — zum Hohne der Hölle — im Munde geführt habe! Was wir mit dem Namen des Dreieinigen tun, ist weithin zur reinen Magie geworden.

Möge Gott uns hier recht zur Besinnung bringen und Seiner Gemeinde wieder die Vollmacht schenken, die nötig ist, um den höllischen Mächten im Namen des HErrn so wirkam entgegentreten zu können, wie es die Apostel getan haben oder wie es einem Blumhardt geschenkt war, so daß die Dämonen weichen und es schließlich selber gegen ihren Willen bekennen müssen, was aus ihrem Munde in jener denkwürdigen Nacht Ende Dezember 1843 durch das stille Möttlingen hallte:

»Jesus ist Sieger!«[5]

---

[5] Friedrich *Zündel*, Johann Christoph Blumhardt, ein Lebensbild (13. Auflage, Gießen und Basel 1936), Seite 122.

C.

Der Jesus-Name auf Erden

I. Reden in Jesu Namen

1. Es gilt, den Namen Jesu zu bezeugen und zu bekennen als den des alleinigen Retters und HErrn gegenüber einer Welt, die ohne diesen Namen verloren ist und die doch nicht will, daß dieser über sie herrsche. Zu solchem Zeugnis und Bekenntnis ist jeder berufen, der die Erlösung an sich erfahren hat, ohne daß hierzu ein kirchliches Amt oder eine besondere Legitimation nötig wäre. »Durch Ihn wollen wir also fort und fort Gott Lobopfer darbringen, das heißt die Frucht der Lippen, die Seinen Namen — *Jesus* — bekennen!« (Hebr. 13, 15). Gelegenheit zu solchem Zeugnis bietet sich vielfältig im täglichen Leben[7], sei es in der Familie oder im Beruf oder überhaupt im Zusammenleben mit dem Nächsten; dieses Zeugnis sind wir ihm schuldig, denn es ist ja kein anderer Name unter dem Himmel den Menschen gegeben, durch den wir gerettet werden sollen (Apg. 4, 12). Deshalb entscheidet sich an seiner Stellung zum Namen *Jesus* das Schicksal jedes Menschen: die an diesen Namen glauben, empfangen die Vollmacht der Gotteskindschaft (Joh. 1, 12), wer aber diesem Namen die Anerkennung versagt, der ist bereits gerichtet (Joh. 3, 18).

Eine besondere Stunde des Bekennens aber ist gekommen, wenn der Jünger vor Obrigkeit und Gericht gestellt wird, um sich zu verantworten. Dann darf er an das verheißungsvolle Wort seines HErrn denken: »Sorget euch nicht ab, wie oder was ihr reden sollt, denn es wird euch in jener Stunde gegeben werden, was ihr zu sagen habt; ihr seid es nämlich dann gar nicht selber, die da reden, sondern der Geist eures Vaters ist es, der durch euch redet« (Matth. 10, 19. 20). Dazu noch die persönliche Zusage des HErrn aus Luk. 21, 15: »Denn Ich, Ich selbst werde euch Mund und Weisheit geben, der alle eure

---

[7]   Vgl. dazu: Paulus Scharpff, Die Christusbotschaft von Mensch zu Mensch — Der Zeugendienst durch Laien (Anker-Verlag, Frankfurt/Main).

Widersacher nicht werden widerstehen oder widersprechen können.« So berichtet, um ein Beispiel aus der Gegenwart zu nennen, die Holländerin Elisabeth ten Boom in einem Brief aus ihrer Gestapohaft, in die sie sowie ihre Schwester Corrie und ihr Vater geraten waren, weil sie den verfolgten Juden in ihrem Hause Zuflucht und Möglichkeit zum Untertauchen gewährt hatten, folgendes: »Das Verhör war ein einziges Wunder. Eure Gebete hüllten mich wie immer ein. In jeder, dem jeweiligen Verhör vorangehenden Nacht hat mir der HErr eingegeben, was ich sagen sollte. Es war kein Verhör, sondern ein wunderbares Gespräch über den HErrn *Jesus*.«[8] — Wer in solchem Bekennen treu ist, darf wissen, daß der HErr verheißen hat: »Jeder nun, der sich vor den Menschen zu Mir bekennt, zu dem werde auch Ich Mich bekennen vor dem Angesicht Meines Vaters in den Himmeln« (Matth. 10, 32).

Möchten wir uns also allezeit zum Bekennen des Namens *Jesus* durch den Heiligen Geist die rechte *Parrhesia* schenken lassen, wie sie von der Urgemeinde erfleht und ihr daraufhin auch zuteil wurde (Apg. 4, 29b. 31c), d. h. Freimut, Gewißheit, Freudigkeit und Ermächtigung von oben, damit dann das Wort des erhöhten HErrn auch uns gilt: »Du hast Meinen Namen — *Jesus* — nicht verleugnet« (Offb. 3, 8)!

2. *Es gilt, unter Berufung auf den Namen unseres HErrn Jesus, des Messias, den Brüdern zuzusprechen* (1. Kor. 1, 10), Zuspruch zu geben (griech. *parakalein*). Welch ein Vorrecht, daß wir dem anderen in seiner Bedrängnis, Einsamkeit, Ratlosigkeit, Betrübnis, Mutlosigkeit, Verirrung oder in sonstigen Anfechtungen und Versuchungen anders begegnen dürfen als nur mit leeren Worten menschlicher Tröstung oder Zurechtweisung, daß wir ihm nämlich vom HErrn Jesus her den Zuspruch geben dürfen, den er braucht, um gemahnt und gewarnt, oder aber aufgerichtet, gestärkt, zurechtgebracht, ermuntert, mit neuer Wegweisung, neuer Kraft, neuer Zuversicht, neuem Lebensmut und neuer Siegesgewißheit erfüllt zu werden.

Das Wort *parakalein* (zusprechen) bzw. *paraklesis* (Zuspruch) kommt ja im Neuen Testament sehr oft und dabei in

---

[8]   Corrie ten Boom: »Dennoch« (Wuppertal 1959), S. 43.

recht verschiedenartigem Sinne vor: Es bedeutet an manchen Stellen »ermahnen«, »ermuntern« (so etwa Apg. 11, 23: Barnabas ermahnt und ermuntert die Brüder in Antiochien, mit ganzem Herzen dem HErrn treu zu bleiben; oder 1. Thess. 2, 11: Paulus erinnert daran, daß er jeden einzelnen ermahnt und ermuntert habe, wie es ein Vater seinen Kindern gegenüber tut; vgl. auch 1. Petr. 5, 12; Röm. 12, 1; Apg. 2, 40 u. a.!) — oder auch »zureden«, »gute Worte geben« (so 1. Kor. 4, 13a; Luk. 15, 28; Apg. 16, 39), dann wieder oft »trösten« (z. B. in 2. Kor. 1, 3. 4) und schließlich sogar »warnen«, »zurechtweisen« (so 1. Kor. 1, 10).[9] Möge der HErr vielen Gliedern Seines Leibes die Gnadengabe des Zuspruchs (Röm. 12, 8a) schenken, damit reichlich geschehe, wozu Paulus auffordert: »Gebt euch *gegenseitig* Zuspruch!« (1. Thess. 4, 18).

Wohl der Gemeinde, in der nicht nur der Pastor allein seelsorgerlich dient, sondern das allgemeine Priestertum geübt wird und die Brüder und Schwestern sich gegenseitig den nötigen Zuspruch geben im Namen ihres HErrn und unter der Leitung Seines Geistes!

3. Es gilt, im Namen Jesu zu evangelisieren. Das bedeutet:

a) Es darf zu den verlorenen Sündern unter allen Völkern der Name *Jesus* »getragen« (Apg. 9, 15) werden, damit sie die befreiende Kunde, die rettende Nachricht hören, daß sie durch das Blut des Lammes erlöst sind. Keiner braucht mehr zu verzweifeln ob seiner Schuld, ihnen allen gilt Gottes vergebende Liebe, sie alle sollen gerettet und damit gerecht werden »in dem Namen unseres HErrn *Jesus*, des Messias, und durch den Geist unseres Gottes« (1. Kor. 6, 11). Mögen sie auch bisher noch so fern gewesen sein, — Gott läßt ihnen Frieden verkündigen (Eph. 2 ,17). Er bietet ihnen allen die Versöhnung an (2. Kor. 5, 20) und will sie herzurufen (Apg. 2, 39), damit auch sie den HErrn *Jesus* aufnehmen und durch den Glauben an Seinen Namen die Vollmacht empfangen, Gottes Kinder zu werden (Joh. 1, 12).

b) Es darf inmitten einer Welt, in der scheinbar der Satan das Heft in der Hand hat, der Tod regiert und die Macht der

---

[9] Daß *parakalein* ursprünglich »herbeirufen« heißt und oft mit »anrufen«, »anflehen«, »bitten« zu übersetzen ist, kann hier außer Betracht bleiben.

Sünde die Menschen gefangenhält, der *Sieg* des Gekreuzigten proklamiert werden: »Diesen *Jesus* hat Gott auferweckt; dafür sind wir alle Zeugen!« (Apg. 2, 32). Durch das Kreuz hat Er alle Finsternismächte und satanischen Gewalten völlig entwaffnet, sie öffentlich an den Pranger gestellt und den Triumph über sie davongetragen (Kol. 2, 15). Durch die Auferstehung aber hat Er den Tod zunichtegemacht und gleichzeitig Leben und Unvergänglichkeit ans Licht gebracht (2. Tim 1, 10). So ist unser Glaube der Sieg, der die Welt überwunden hat (1. Joh. 5, 4).

c) Es darf die königliche Herrschaft Gottes proklamiert, ausgerufen, »geheroldet« werden (griech. keryssein[10]), und zwar in dem Namen *Jesu*. D. h. in Ihm, Seinem Gesalbten, dem Messias-König tritt Gott selbst Sein Königtum an. Wo immer Jesus auftrat, da brachte Er Gottes ewige Königsherrschaft mit. Das gilt aber auch noch heute: Wo immer der lebendige HErr durch Seine Herolde redet, wo immer Gottes Herrschaft im

---

[10] Dieser Ausdruck kommt im Neuen Testament sehr häufig vor; es ist nur schade, daß er in der Lutherbibel mit dem abgegriffenen, nichtssagenden und deshalb sehr mißverständlichen Begriff »predigen« wiedergegeben ist. »Der Ausdruck: predigen, wie *wir* ihn gebrauchen, ist hier irreführend. Wir verstehen unter einer Predigt einen Lehrvortrag, eine Kunstrede. Das NT aber meint hier einen *Heroldsruf*, das Ausrufen einer Botschaft, die Bekanntgabe einer göttlichen Tat, die Nachricht von einem unmittelbar bevorstehenden Eingreifen des Allmächtigen ... Ein Herold der kommenden Gottesherrschaft sein, kann nur, wer besonders dazu beauftragt (gesandt) ist (Röm. 10, 15)« (Ralf *Luther*, Neutestamentliches Wörterbuch, 11. Auflage, Berlin 1937, S. 140). — Vgl. dazu auch, was Oberkirchenrat Dr. *de Boor* zu Röm. 10, 8b schreibt: »Wo wir gewohnt sind, in unserer Lutherbibel ›predigen‹ zu lesen, verwendet Paulus wie hier den Ausdruck ›herolden‹. Es ist wichtig, daß auch wir uns zu diesem Ausdruck zurückfinden. Allzusehr ist uns die ›Predigt‹ zu einer Entwicklung der eigenen Gedanken und Ansichten des jeweiligen Predigers geworden, zu sehr eine ›erbauliche‹ Sache. Der ›Herold‹ ist der öffentliche Ausrufer bestimmter kaiserlicher Willenserklärungen. Seine persönliche Meinung ist dabei völlig unwichtig. Er tritt mit seiner Person ganz hinter dem zurück, was er in dem Auftrag und in der Vollmacht seines kaiserlichen Herrn zu sagen hat« (Der Brief des Paulus an die Römer. Wuppertal 1962, S. 247). — Und weiter ebenda: »Aufgabe eines ›Herolds‹ sind weder gedankliche Darlegungen noch Herzensergüsse. Der Herold öffnet den Mund in amtlicher Vollmacht und teilt Befehle, Ankündigungen und Gnadener-

Namen Jesu und in der Vollmacht Seines Geistes ausgerufen wird und Menschen sich ihr im Gehorsam unterstellen, da steht sie in Kraft — jetzt und hier!

Unbeschadet der Tatsache, daß die uneingeschränkte Aufrichtung und Vollendung der Gottesherrschaft erst durch das glorreiche Erscheinen des HErrn herbeigeführt wird, konnte Er zu Seinen damaligen Jüngern sagen, was auch uns heute gilt: »Die Königsherrschaft Gottes ist mitten unter euch« (Luk. 17, 21). Das bedeutet aber, daß die Herrschaft des Fürsten dieser Welt zurückgedrängt, abgelöst und überwunden werden soll — ist doch der Sohn Gottes dazu gekommen, die Werke des Teufels zu zerstören (1. Joh. 3, 8b). Dringt deshalb ein Sünder durch Gottes Erbarmen aus dem Tod ins Leben durch, dann wird er aus dem Machtbereich der Finsternis herausgerettet und unter die Herrschaft des Sohnes Seiner Liebe versetzt (Kol. 1, 13). Durch die Proklamierung der Königsherrschaft Gottes in Jesu Namen bekommen alle, die sich bisher unter der Gewalt Satans befanden und nun den Ruf der Herolde Gottes hören, die Möglichkeit zu solcher Errettung und Versetzung. Freilich kommen für diesen Heroldsdienst[11] nur diejenigen in Frage, die vom HErrn selbst besonders dazu berufen sind, denn es steht geschrieben: »Wie aber sollen sie als Herolde verkündigen, wenn sie nicht gesandt sind?« (Röm. 10, 15). Ohne solche vom HErrn berufene und beauftragte Herolde gibt es kein Aufhorchen auf die Bot-

---

weisungen des Kaisers oder eines Fürsten mit. Hinter dem Herold steht dabei die Autorität des Herrn selbst. Entsprechend ist die Antwort auf den Heroldsruf nicht die gedankliche Verarbeitung des Gehörten als solche oder persönliche Empfindung, sondern willentliche Stellungnahme, Entscheidung, Gehorsam« (S. 251).

[11] Vgl. dazu Ralf *Luther:* »Diesen Dienst — als bevollmächtigte Botschafter des Reiches — aber können sie nur tun, sofern sie in lebendiger Verbindung mit Christus sind. Man kann nicht Diener eines Herrn sein, wenn man nicht klare Weisungen und Befehle von ihm erhält. Je größer der Herr, um so weniger kann man es sich selbst ausdenken, was er in der einen oder anderen Lage zu befehlen hat. Paulus weiß genau, was er im Auftrage sagt und was er von sich aus rät (1. Kor. 7, 10. 25). *Die Gottesherrschaft macht Leute, die vor ihrem götlichen Gebieter stehen, um von Mal zu Mal Befehle zu erhalten...*« (Neutestamentliches Wörterbuch, S. 151).

schaft, und ohne solches Aufhorchen keinen lebendigen Glauben (Röm. 10, 17).

In Verbindung mit der in Jesu Namen erfolgenden Ausrufung der Gottesherrschaft ist noch die Frage aufzuwerfen, worum wir bitten, wenn wir sprechen: »Dein Reich komme.« Klassisch beantwortet Ralf Luther diese Frage: »Wir bitten darum, daß der Allmächtige *persönlich* eingreife in unsere Zeit und unser Leben göttlich gestalte. Wir bitten um das *Hereinbrechen Seiner Schöpferkraft* in unser leibliches, seelisches und geistiges Dasein zur Heilung aller Schäden. Wir bitten um die Überstrahlung unseres lichtlosen Wesens durch den *Lichtglanz von oben; um die Durchbrechung jeden dämonischen Bannes.* Wir bitten um die *Befreiung aller* in diesen Weltzuständen *Entrechteten* oder in ihrer Eigenart Unterdrückten von allem Druck, der auf ihnen lastet, und um die Wiederherstellung ihrer anerschaffenen göttlichen Würde. Wir bitten um den *Geist des Dienens* für alle Mächtigen, Begabten und Bevorzugten. Wir bitten um die *Gewißheit der Sendung,* um *Vollmacht,* um das *unmittelbare Stehen vor der Majestät,* um *klare Befehle für alle,* die Gott dienen. Wir bitten um *völliges Mobilsein* für alle, die zum Dienst berufen sind. Wir bitten endlich um den *zweiten Advent Christi,* der den neuen Zeitlauf und die Weltvollendung bringt.«[12]

d) Zu der uns aufgetragenen Botschaft des Wortes Gottes gehört aber auch, daß in Jesu Namen *Umkehr* verkündigt wird, wie der Auferstandene es zu Seinen Jüngern ausdrücklich sagte: »So steht es geschrieben: Der Messias muß leiden und aus den Toten am dritten Tage auferstehen, und in Seinem (Jesus-) Namen muß *Umkehr* durch Herolde verkündigt werden zur Vergebung der Sünden unter allen Nationen, angefangen bei Jerusalem« (Luk. 24, 46. 47). Wohlgemerkt: »Umkehr«, nicht »Buße«! Das Wort »Buße« ist zu irreführend, zu belastet von der mittelalterlichen Vorstellung von Buße = *poenitentia,* d. h. man müsse durch Kasteiungen, Wallfahrten, Gebete etc. für seine Sünden büßen, müsse durch fromme Leistungen seine Schuld abbüßen. Das Neue Testament aber meint mit dem Begriff *»metanoia«* (= Umkehr:

---

[12] Neutestamentliches Wörterbuch, S. 153. Kursivschrift = Sperrungen im Original.

Mark. 1, 4) genau das Gegenteil! Weil der HErr *Jesus* für uns stellvertretend unser aller Sünde vollgültig abgebüßt hat, brauchen wir nicht mehr dafür zu büßen, sondern dürfen heimkehren und werden aus Gnaden freigesprochen. So kann aus dem göttlichen Befehl: »*Metanoeite*« = »Kehret um!« (Matth. 3, 2; 4, 17; Apg. 2, 38) eine Erlaubnis werden: Ihr dürft (trotz eurer schuldbeladenen Vergangenheit) zurückkehren zu Gott, heimkehren ins Vaterhaus! Gott rechnet euch eure Sünden nicht zu, sondern wartet auf euch als der liebende Vater und will euch als Seine geliebten Kinder annehmen — um *Jesu* willen, im Hinblick auf Sein Opfer am Kreuz.

Die Reihenfolge der Punkte a—d ist nicht umkehrbar. Der Ruf zur Rückkehr (d) würde völlig in der Luft hängen und sinnlos sein, wenn nicht die Tatsachen a—c vorlägen. Also: Weil die Erlösung vollbracht *ist*, weil der Gekreuzigte auferstanden ist, weil der König Jesus als Bahnbrecher des Lebens gegenwärtig ist in Seiner Gemeinde, deshalb und nur deshalb hat der Sünder die Möglichkeit, durch Umkehr und vertrauensvolle Hingabe an den HErrn Jesus die Vergebung zu empfangen, den Ostersieg zu erfahren und unter die Herrschaft Gottes zu treten. Vgl. auch Mark. 1, 15: »Erfüllt ist die Zeit und genaht hat sich die Königsherrschaft Gottes; (darum) kehret um und trauet auf die Freudenbotschaft!«[13] Diese Umkehr, die eine entschlossene Abwendung vom bisherigen Weg und alten Leben in sich schließt, ist aber durch Jesus nicht nur möglich, sondern zur Errettung auch wirklich

---

[13] Dieses Vertrauen, dieser Glaube aber wird *nicht* durch *Lehrvorträge*, nicht durch die heute üblichen lehrhaften Predigten gewirkt. Der Glaube entsteht *nur* durch die evangelistische *Botschaft*, d. h. durch die in der Vollmacht des HErrn überbrachte Nachricht, daß der erhöhte Christus jetzt gegenwärtig und es daher möglich sei, sich an Ihn anzuschließen. Paulus spricht es in Röm. 10 deutlich aus, daß ohne solch eine Botschaft niemand zum Glauben kommen kann (So Ralf *Luther*, a. a. O., S. 69). Das Pauluswort aber lautet: »Jeder nämlich, der den Namen des HErrn anrufen wird, soll gerettet werden. Wie sollen allerdings die Menschen Ihn anrufen, solange sie nicht Vertrauen zu Ihm gefaßt haben? Wie aber sollen sie Vertrauen fassen, wenn sie Ihn (d. h. Seine Stimme!) noch nicht gehört haben? Wie aber sollen sie (Seine Stimme) hören, wenn ihnen noch kein Herold Gottes in Vollmacht die rettende Botschaft gebracht hat?« (Röm. 10, 13. 14).

notwendig: »Wahrlich Ich sage euch, wenn ihr nicht umkehrt und werdet wie die Kinder, werdet ihr keinesfalls in die Königsherrschaft der Himmel eingehen!« (Matth. 18, 3).

So bedeutet die Begegnung mit Jesus, dem Sohne Gottes, für den Menschen immer auch *Gericht*; es kommt ihm seine Schuld und Verlorenheit, die ganze Verkehrtheit seines bisherigen Weges und Lebens erst in der Gegenwart des Heiligen voll zum Bewußtsein: er wird durch Gottes Geist »*überführt* bezüglich seiner Sünde« (Joh. 16, 8; vgl. auch Joh. 8, 9; Luk. 2, 35a; 5, 8; 19, 8!). Angesichts seiner bisherigen verkehrten Lebensrichtung und Grundeinstellung gibt es eben dann nur eins: *Umkehr*, völlige Neuorientierung! »So kann also keiner Mein Jünger sein, der sich nicht von allem lossagt!« spricht der HErr (Luk. 14, 33). Er verurteilt nicht nur unsere offenbaren Schlechtigkeiten, sondern auch unsere scheinbare Wohlanständigkeit, hinter der sich doch so viel Eitelkeit, Ehrgeiz und Selbstsucht verbirgt. Die Menschen zwar sehen meist nur auf das, was vor Augen ist, Gott aber sieht das *Herz* an (1. Sam. 16, 7); aus dem Herzen der Menschen aber kommen *böse* Gedanken (Mark. 7, 21), und zwar aus den Herzen *aller* Menschen: da ist keiner, bei dem es anders wäre, auch nicht einer! (Röm. 3, 12). Deshalb gilt der Ruf zur Umkehr nicht nur den Dieben und Meineidigen, den Huren und Ehebrechern, den Spöttern und Gottesverächtern, sondern auch den anständigen und ehrbaren Bürgern (Presbyter und Pastoren nicht ausgenommen) — nur daß erfahrungsgemäß die ersteren leichter auf diesen Ruf eingehen und freudiger ihm folgen als die mit sich selbst Zufriedenen (Matth. 21, 31). So wird der Name *Jesus* gerade für die Selbstgerechten, die sich auf ihr ordentliches Leben in Frömmigkeit meinen berufen zu können und deshalb die Umkehr für sich ablehnen, zu einem »Zeichen«, dem sie widersprechen (Luk. 2, 34), zu einem »Felsen«, der sie ärgert und an dem sie sich stoßen, weil sie Seinem Wort nicht Gehorsam leisten (1. Petr. 2, 8), und zu einem »Stein«, über den sie fallen, um von ihm zerschmettert zu werden (Matth. 21, 44). So gereicht *Jesus* den Einen, die die Umkehr verweigern, zum Fallen und Untergang, und den Andern, die zur Umkehr bereit sind, zum Aufstehen und zur Rettung (Luk. 2, 34; 2. Kor. 2, 16).

Dabei kommt es freilich nicht auf das »Wie« oder gar auf das datierbare »Wann« der vollzogenen Umkehr an, als vielmehr darauf, *daß* wir in der neuen Richtung, in der Neuheit des Lebens wandeln (Röm. 6, 4), indem wir nicht mehr uns selber, sondern Ihm leben, der für uns gestorben und auferstanden ist (2. Kor. 5, 15), und im täglichen Gehorsam des Glaubens stehen. Darin sah Paulus Zweck und Ziel der empfangenen Gnade und des ihm verliehenen Apostelamtes, ja das ist der Befehl des ewigen Gottes an alle, die Ihm dienen: unter allen Nationen *Glaubensgehorsam* für Seinen Namen — Jesus — zu bewirken (Röm. 1, 5; 16, 26).

4. Es gilt, im Namen Jesu zu lehren.

Damit ist nun freilich nicht das gemeint, was man im Laufe der Kirchengeschichte aus den biblischen Begriffen »Lehre« und »lehren« gemacht hat. Lehre (griech. *didachä*) meint im Neuen Testament nicht die Zusammenstellung dogmatischer Sätze, die man zu glauben hat, sondern etwas ganz anderes, nämlich »die seelsorgerliche Unterweisung der Gemeinde oder des einzelnen« (Adolf Schlatter). Wo *Jesus* also »lehrt«, da spricht Er seelsorgerlich und zeigt, wie das Leben im Gehorsam gegen Gottes Willen aussehen sollte. Das gleiche gilt etwa vom Apostel Paulus, der in Milet die Ältesten von Ephesus daran erinnert, daß er ihnen nicht nur verkündigt, sondern sie auch gelehrt habe (Apg. 20,20); diese Lehre war also kein Katechismusunterricht, sondern seelsorgerliche Anweisung zur Tat.

Das Lehren in Jesu Namen erstreckt sich demnach auf diejenigen, die durch die evangelistische Botschaft zur Umkehr gelangt sind und nun praktische Anleitung für das neue Leben brauchen. Durch die Lehre werden sie seelsorgerlich beraten für die Nachfolge im Alltag, für den Wandel in der Heiligung. So konnte Paulus seinem Timotheus das Zeugnis ausstellen: »*Du* aber hast dir zur Richtschnur genommen meine *Lehre* (d. h. meine seelsorgerlichen Ratschläge), meine Lebensführung, mein Lebensziel . . .« (2. Tim. 3, 10).

Das bezeichnet der HErr als eine Aufgabe des Heiligen Geistes, des verheißenen Beistandes, daß Er die Jünger alles »lehren« sollte (Joh. 14, 26).[14] So kann das Lehren in Jesu Namen nicht anders recht geschehen als unter der Leitung und Inspiration des Heiligen Geistes. Soviele sich also vom Geiste Gottes leiten lassen, die sind nicht nur Gottes Söhne (Röm. 8, 14), sondern es sind auch diejenigen, die die Vollmacht haben, zu lehren, indem sie für das praktische Verhalten in Jesu Namen die rechten Weisungen geben.

Wenn wir diese neutestamentliche Bedeutung des Begriffs »Lehre« vor Augen haben, erkennen wir auch, wie abwegig und gefährlich der in der Kirchengeschichte oft wiederholte, in allen Konfessionen immer wieder unternommene Versuch sein muß, den Glauben an Jesus zu zerlegen in eine Anzahl von Dogmen, die dann in ihrer Gesamtheit die kirchliche »Lehre« bilden.[15] Entscheidet sich doch unser Christsein keineswegs an unserer verstandesmäßigen Zustimmung zu gewissen »Wahrheiten« des kirchlichen Dogmas, sondern einzig und allein an der Frage, wie wir zu Dem stehen, Der »die Wahrheit« in Person ist (Joh. 14, 6), nämlich zum HErrn Jesus, d. h. ob wir uns im Gehorsam und Vertrauen Ihm angeschlossen haben oder nicht.

Wir fassen also zusammen: In Jesu Namen lehren heißt nicht, der Gemeinde den Katechismus beibringen, sondern ihr seelsorgerliche Anleitung für die praktische Nachfolge geben.

5. Es gilt, im Namen Jesu zu reden durch Ausübung der dazu gegebenen Gaben des Geistes.

Was haben die Gnadengaben mit dem Namen *Jesus* zu tun? Mehr als es vielleicht zunächst scheinen möchte. Denken wir nur an 1. Kor. 12, das große Kapitel von den Geistesgaben. Dort heißt es doch gleich am Anfang: »Deshalb erkläre

---

[14] Unter Berufung auf dieses Wort wird vielfach behauptet, »daß der Heilige Geist fortlaufend neue Dogmen und Glaubensartikel eingebe ... So folgenschwer ist das Mißverständnis des Begriffs ›Lehre‹ ... *Der Heilige Geist aber lehrt keine Dogmatik, sondern den Gehorsam der Gläubigen*« (Hans *Brandenburg*, »Ein lexikalisches Mißverständnis und seine kirchengeschichtlichen Folgen« in dem Sammelband: Hans Bruns, Freude im Dienst — Ein Wort zum Pietismus heute. Marburg/Lahn 1960, S. 35).

[15] Vgl. dazu Hans *Brandenburg:* »Wenn wir Wasser in Sauerstoff und Wasserstoff zerlegen, so haben wir kein Wasser mehr. *Zerlegen wir den Glauben an Jesus in Lehrsätze, so können wir Jesus selbst verlieren*« (a. a. O., S. 38).

42

ich euch, daß . . . keiner sagen kann: ›Herr Jesus‹ außer im Heiligen Geist« (Vers 3 nach Karl Heim). So besteht also ein ganz enger Zusammenhang zwischen dem Reden im Geist und dem Namen *Jesus*. Es ist geradezu ein Erweis echter Geisteswirkungen, ja überhaupt der Sinn und Zweck aller Geistesgaben, daß dadurch *Jesus* verdeutlicht wird, daß Sein Name dadurch groß wird. Genau das hatte ja der HErr selbst in den Abschiedsreden vom kommenden »Parakleten«, dem Beistand, dem Geist der Wahrheit gesagt: »Jener wird Mich verherrlichen, denn von dem Meinigen wird Er nehmen und euch kundtun« (Joh. 16, 14). Also ist jede Gabe des Geistes, ja Sein ganzes erleuchtendes Wirken ausgerichtet auf *Jesus:* die Herrlichkeit Seines Namens soll offenbar werden — darin liegt die Bedeutung des Heiligen Geistes und Seiner Gaben. Von daher wird auch deutlich, daß der Heilige Geist zwar ausdrücklich bezeugt, geglaubt und angenommen werden muß und Seine Gaben ernstlich erstrebt werden müssen, daß aber das Schwergewicht der Verkündigung und Lehre dann doch allein auf *Jesus,* dem Messias und Sohne Gottes, ruht und daß nicht der Geist und Seine Gaben — oder gar die Gabenträger! — eine Überbetonung bekommen dürfen.

Auf der anderen Seite ist aber auch die weitverbreitete Geringschätzung der Geistesgaben nicht schriftgemäß. Bekanntlich stehen sie ja bei uns in Deutschland heute — auf Grund trüber Erfahrungen in vergangenen Tagen — nicht hoch im Kurs, jedoch zu Unrecht. Oft wird behauptet, die Geistesgaben seien unwichtig und entbehrlich, nur auf die Liebe käme es an. Diese Behauptung jedoch ist nicht biblisch! Gewiß ist die Liebe das Entscheidende und Wichtigste (wir kommen darauf noch eigens zurück), und ohne die Liebe sind alle Gnadengaben, aber nicht nur sie, sondern auch alle theologische Erkenntnis, aller Glaube, alle Opferbereitschaft und sogar das Martyrium wertlos und nichtig. Wer dächte dabei nicht an das hohe Lied der Liebe in 1. Kor. 13! Aber es ist doch bedeutsam, daß der Apostel Paulus nach diesem Kapitel von der Liebe noch einmal auf die Gnadengaben zurückkommt, von denen er doch bereits im 12. Kapitel ausführlich und, wie man denken könnte, hinreichend gesprochen hatte. Es ist also durchaus nicht der Standpunkt des Neuen Testaments, was heute so gern behauptet wird: Wenn nur die Liebe da ist, dann sind die Gnadengaben überflüssig. Im Gegenteil! Paulus beginnt das 14. Kapitel mit dem Doppelsatz: »Trachtet nach der Liebe, aber seid trotzdem (gleichzeitig) *eifrig bemüht* um die Gnadengaben!« Diese Doppelermahnung ist doch beachtlich. *In einem* Atemzug legt Paulus den Korinthern und legt der Heilige Geist uns heute *beides* nahe: Trachtet nach der Liebe, vergeßt aber darüber nicht das eifrige Streben nach den Gnadengaben! Warum liegt hier eine solche — uns überraschende — Betonung auf den Gaben des Geistes? Einfach deshalb, weil der HErr sie für die Auferbauung Seines Leibes eigens vorgesehen hat und sie hierfür unentbehrlich sind. So ist nach dem Neuen Testament ein echter und lebendiger Gottesdienst ohne Vorhandensein und Betätigung von Geistesgaben gar nicht denkbar. Schildert doch Paulus eine gewöhnliche Gemeindeversammlung, d. h. einen normalen Gottesdienst folgendermaßen: »Wenn ihr zusammenkommt, *hat jeder etwas:* der eine hat einen Lobgesang, der andere hat eine Lehre, der dritte hat eine Offenbarung, der nächste spricht in Zungen, wieder ein anderer hat die Interpretation dazu. Alles aber dient der Auferbauung« (1. Kor. 14, 26). Mit Recht schreibt deshalb Arnold Bittlinger: »*Was* geschieht in einem solchen Gottesdienst? Zunächst muß festgestellt werden: Jeder hat etwas. Nicht nur einer ist vorbereitet, sondern jeder bringt die innere Bereitschaft mit zum Geben. Was er gibt, ist jedoch nichts Eigenes, sondern ein Geschenk des Geistes, ein Charisma. Nach 1. Kor. 12, 7 ist ein Charisma das Sichtbarwerden des im einzelnen Christen wohnenden Geistes.«[15a] Welch einen Kontrast dazu bildet doch das eingebürgerte Ein-Mann-System in unserer heutigen Pastorenkirche![15b] So kann

---

[15a] Aus: »Der frühchristliche Gottesdienst und seine Wiederbelebung innerhalb der reformatorischen Kirchen der Gegenwart«, Verlag Dr. R. F. Edel, Marburg 1964, S. 9.

[15b] Vgl. dazu, was Prof. Rudolf Bohren in seinem Buch »Predigt und Gemeinde« (Zürich 1963) schreibt: »In unseren Gottesdiensten wird das Volk von Königen und Priestern behandelt wie Kleinkinder, die wohl brav am Tisch sitzen und essen sollen, aber weder fragen noch reden dürfen. Alles, was Gottes Volk tun darf, ist absitzen, zuhören, auf Kommando singen, aufstehen, die Hände falten. Man soll sich doch nicht wundern, wenn die Gemeinde in den

man verstehen, warum der alte Elias Schrenk einmal gesagt hat: »Seit 52 Jahren bete ich um das Wiederhervorbrechen der Geistesgaben; denn ich glaube nicht, daß die Gemeinde vollendet werden kann ohne den Dienst der ihr zu diesem Zweck geschenkten Geistesgaben.«[15c]

Freilich wäre es ganz verfehlt, zu erwarten und zu fordern, daß dort, wo Gott Seine Gnadengaben geschenkt hat, deren Betätigung nun selbstverständlich — weil es doch göttliche Gaben sind! — in ungetrübter Reinheit und göttlicher Vollkommenheit geschehen müsse. Wer sich solcher Illusion hingibt, wird allerdings die bittersten Enttäuschungen erleben. Es ist nämlich zu bedenken, daß bei Verleihung einer göttlichen Gnadengabe für die Verkündigung der Geist des betreffenden Gabenträgers *nicht* ausgeschaltet wird (er wird also nicht zu einer reinen »Sprech-Maschine«!), sondern er behält auch bei der Betätigung der ihm verliehenen Geistesgabe seine eigene Verantwortlichkeit.[16] Es kommt also dabei zu ei-

---

Jahrhunderten nach der Reformation noch nicht mündig wurde! ... Nach dem Zeugnis der Schrift hatte jedes Gemeindeglied das Recht, im Gottesdienst das Wort zu ergreifen. Paulus fordert wiederholt die Gemeinde dazu auf, nach der Gabe der Prophetie zu trachten, die im Gottesdienst zur Entfaltung kommt (1. Kor. 14, 2. 39) ... — Und auf diesen Standpunkt möchte ich mich heute stellen, daß wir auf Gaben von oben, auf Taten von oben hoffen und warten dürfen ... « (zitiert bei A. Bittlinger, a. a. O., S. 3).

[15c] »Eichholz schreibt: Mit dem Stichwort ›charismatische Gemeinde‹ möchte ich die Wirklichkeit der Gemeinde auf eine abgekürzte Formel bringen, die Paulus in 1. Kor. 12 umschreibt. Er versteht Gemeinde so und nicht anders, er versteht sie als charismatische Gemeinde, wenn sie (überhaupt) Gemeinde ist ... — In unseren Gottesdiensten herrscht darum solange eine Ordnung des Todes, als wir die lebendigen Gaben des Geistes in den Gliedern abwürgen ... — Erneuerung steht höheren Ortes auf dem Programm. Gott will Gaben geben. Gott will lebendig machen. Gott will sich verherrlichen an Seiner Schar, das ist keine Frage. Aber ob wir nun auch wollen, das ist die Frage« (Prof. *Bohren*, zit. bei Bittlinger, S. 4 f.).

[16] Vgl. Prof. H. *Strathmann* zu Joh. 15, 26. 27: »Vom Zeugnis des Parakleten neben dem der Jünger zu reden, ist deshalb doch durchaus sinnvoll, da Er die Menschen, durch die Er redet, über sich hinaushebt (vgl. Apg. 1, 8; 2, 4; 4, 13; 5, 29. 32; 15, 28), nicht aber ihre Persönlichkeit ausschaltet. Die Wirkung des Geistes auf den Menschen ist nicht naturhaft, sondern personhaft« (NTD, Das Evangelium des Johannes, Göttingen 1959, S. 222).

nem geheiminsvollen Zusammenwirken des Heiligen Geistes *mit* dem menschlichen Geist des Charismatikers. Das gleiche Zusammenwirken finden wir auch in Röm. 8, 16 angedeutet, wo es heißt: »Er selbst, der Geist, bezeugt zusammen mit unserem Geist, daß wir Gottes Kinder sind.« Hier unterscheidet also Paulus deutlich den Heiligen Geist von dem Geist des wiedergeborenen Menschen, indem er davon spricht, daß unser menschlicher Geist dasselbe bezeugt wie der Heilige Geist. So sollte es im Leben der Erlösten immer sein, daß ihr Geist sich in Übereinstimmung mit dem Heiligen Geist befindet. So sollte es vor allem auch bei allem Dienst der Verkündiger des Wortes sein, daß sie die Botschaft des Heiligen Geistes ganz verstehen und dann auch rein weitergeben. Leider aber ist es, wie die Erfahrung lehrt und auch das Neue Testament uns sagt, *nicht* immer so. Oder wer von uns wollte behaupten, daß er sich bei der Verkündigung allezeit ausschließlich vom Geiste Gottes habe leiten lassen, ohne je und dann — vielleicht unbewußt — den Gedanken seines eigenen Herzens gefolgt zu sein? Diese Frage nur stellen heißt zugeben, daß es im Leben und Dienst eines jeden von uns sicher oft und oft so gewesen ist, daß wir als Verkündiger des Evangeliums nicht aus dem Heiligen Geist, sondern aus dem eigenen Geist geredet haben. Wenn aber solches Versagen bei jedem Verkündiger des Wortes jederzeit eintreten kann und tatsächlich oft eintritt, wie sollte es dann nicht ebenso bei den Trägern der besonderen Gaben des Geistes eintreten können und auch eintreten? Eben weil der menschliche Geist bei der Betätigung von Gnadengaben nicht ausgeschaltet ist, sondern nach dem Plane Gottes dabei verantwortlich mittätig sein soll, ist jederzeit die Gefahr gegeben, daß sich Eigenes, Menschliches und damit auch Verkehrtes mit einschleicht und also die gegebene Botschaft falsch wird, obwohl sie von einem echten Botschafter stammt. Deshalb betont der Apostel Paulus in bezug auf die Geistesgaben der Erkenntnisrede und der Weissagung, was aber in gleicher Weise auch für die anderen Geistesgaben gilt: »Nur *Bruchteile* (der Wahrheit) erkennen wir, nur Bruchteile können wir weissagend verkündigen!« (1. Kor. 13, 9). Die Unvollkommenheit unseres durch den irdischen Leib noch gehemmten Geistes sowie die Anfälligkeit des Menschen und auch des Wiedergeborenen für die Einwirkung der satanischen Mächte, die das Werk des Heiligen Geistes durchaus zu stören versuchen, macht uns ein vollkommenes Erkennen und vollkommenes Weissagen unmöglich. Darum können und werden durch die Mittätigkeit des Menschengeistes auch bei Ausübung echter Geistesgaben nur zu leicht Unzulänglichkeiten, Fehler und Irrtümer entstehen. Das muß also von vornherein klargestellt werden, damit wir nicht mit falschen Erwartungen und unnüchternen Voraussetzungen an die Beurteilung der Geistesgaben herangehen.

Nach diesen Vorbemerkungen grundsätzlicher Art kommen wir also nun zu der Besprechung der Gnadengaben im einzelnen. In unserem Zusammenhang — wir sprechen ja zunächst vom *Reden* in Jesu Namen — geht es um die folgenden Gnadengaben: die Weisheits- und Erkenntnisrede, das Reden in neuen Sprachen und deren Deutung, die Weissagung (Prophetie) und die Unterscheidung der Geister, wobei nach dem Neuen Testament die prophetische Gabe die wichtigste ist.

a) *Die Weisheits- und Erkenntnisrede.* Sie bringt die Entfaltung des Namens und Lebens unseres HErrn *Jesus* als des Sohnes Gottes und offenbart darin den Willen des Vaters selbst, Seine Liebe und Seine Wahrheit. In *Jesus* sind ja »alle Schätze der Weisheit und der Erkenntnis verborgen« (Kol. 2, 3). Er ist die *Sophia* Gottes. Dazu muß man nur lesen, was in den Sprüchen Salomos Kap. 8 und 9 oder bei Jesus Sirach und in der Weisheit Salomos geschrieben steht. Man könnte auch sagen: Jesus ist der Inbegriff und die Erfüllung des Gesetzes, in dem ja für den erleuchteten Sinn die Weisheit Gottes sich ausgesprochen hat über alle Lebensordnungen und Zusammenhänge zwischen Gott und den Menschen und der Schöpfung. Wem die Weisheit in Jesus sich erschließt, der hat Einblick in alle Zusammenhänge und kann im Gemeindeleben und in der Seelsorge und Verkündigung den tiefen und umfassenden Aufschluß geben. So bedeutet Weisheit den praktischen Durchblick und die Gabe, im gegebenen Moment schnell, sicher und zielklar zu handeln: Deshalb soll die Gemeinde zum Diakonendienst solche Männer bestellen, die »voll Heiligen Geistes und Weisheit« sind (Apg. 6, 3). Weisheit ist die durch göttliche Erleuchtung gewirkte Fähigkeit, sich im Leben mit seinen Schwierigkeiten und Aufgaben auszukennen und in jeder Lage das Gottgewollte zu treffen: »Fehlt es nun einem von euch an Weisheit, dann bitte er Gott darum« (Jak. 1, 5). Diese Gnadengabe erleuchtet den Betreffenden über jedes Maß menschlicher Einsicht hinaus zur Erkenntnis von Dingen und Menschen und befähigt ihn dadurch zu vollmächtigem Reden und Handeln im Namen Jesu. Diese Weisheit ist freilich der bloß menschlichen Bildung nicht zugänglich, sie wird auch in der Regel den menschlich Höchstgebildeten nicht gegeben, weil diesen die Empfänglichkeit dafür fehlt — hat es doch der Vater gerade vor den Klugen und Weisen verborgen! (Matth. 11, 25). Wenigen Klugen, wenigen Schriftgelehrten, wenigen derzeitigen Redekünstlern ist die göttliche Weisheit erreichbar (1. Kor. 1, 20. 26). Sie ist eine heimliche, verborgene Weisheit, aber von gewaltiger Kraft, alles zu durchdringen, sie erforscht auch die Tiefen der Gottheit (1. Kor. 2, 7. 10). Aus dem, was Paulus in diesen beiden Kapiteln 1. Kor. 1 und 2 darlegt, wird deutlich, daß die Weisheitsrede im wesentlichen durch Offenbarung kommt und daß man sehr unterscheiden muß zwischen der »Weisheit der Menschen« und der »Weisheit Gottes«. Deshalb betont er besonders, daß er jene natürliche Weisheit, die er zweifellos besaß und hätte gebrauchen können (2, 1—4), bewußt auf die Seite tat, um fähig zu werden, ein Kanal für die übernatürliche Weisheit zu werden. Diese Weisheit aber kommt durch Offenbarung (2, 6—10). Wer die Gabe der Weisheitsrede hat, kann im Namen Jesu vollmächtig reden über göttliche und menschliche Dinge, so daß es ins Schwarze trifft, die Gewissen der Zuhörer überführt und die Einwände der Gegner zerschlagen werden. Als Jesus in der Synagoge Seiner Vaterstadt redet, sind die Hörer tief erschüttert und fragen: »Woher hat der Mann solche Weisheit?« (Matth. 13, 54). In diesem Zusammenhang ist das Wort Jesu zu verstehen: »Siehe, Ich sende euch Propheten, *Weise* und Schriftgelehrte« (Math. 23, 34). Und Seinen Jüngern sagt der HErr: »Denn Ich, Ich werde euch Mund und Weisheit geben, der alle eure Widersacher nicht werden widerstehen oder widersprechen können« (Luk. 21, 15). Stephanus sprach durch den Geist mit solcher Weisheit, daß seine Diskussionsgegner mit all ihrer Gelehrsamkeit nicht dagegen aufkamen (Apg. 6, 10). Weisheit ist im höchsten Sinn »Geistesgegenwart«, sie ist heilige Schlagfertigkeit.[17]

Bei der Weisheitsrede handelt es sich also in erster Linie um die Fähigkeit, auf Grund göttlicher Erleuchtung im gegebenen Augenblick für die gegebene Situation das zu sagen, was den Nagel auf den Kopf trifft, gerade für das praktische Verhalten des einzelnen und der Gemeinde. Die Gabe der Erkenntnisrede hingegen bezieht sich mehr darauf, die Wahrheit in ihrem inneren Zusammenhang darzulegen und im Licht des HErrn in die Tiefen der göttlichen Geheimnisse eindringen zu können.[18] Jeder, der zum Lehren berufen ist, sollte von Gott die Gabe der Erkenntnisrede erbitten. Freilich ist mit ihrer Verleihung auch eine besondere Versuchung verbunden, nämlich die, daß man über der empfangenen Erkenntnis aufgeblasen wird (1. Kor. 8, 1b). Im Namen Jesu die Gabe der Erkenntnisrede ausüben, heißt also nicht nur, alles Erkennen auf *Jesus* ausrichten, anstatt seine besonderen Erkenntnisse als eigene Fündlein zu pflegen und an erste Stelle zu schieben, sondern auch in der Art des Lehrens *Jesus* und Sein Wesen auszustrahlen. Denn die wahre Jesus-Erkenntnis tut sich zuerst in der Jesus-Gesinnung kund, in der Demut, die weiß, daß wir hier auf Erden immer nur »stückweise erkennen« (1. Kor. 13, 9a). Lehrer, gerade die besonders erleuchteten Lehrer sind so oft verantwortlich gewesen für Spaltungen, welche die Gemeinde Gottes zerrissen haben, einfach deshalb, weil diese Lehrer das Maß göttlicher Erkenntnis, das ihnen gewährt wurde, nicht im Gleichgewicht der Liebe und Demut hielten. Das göttliche Heilmittel in der Gemeinde besteht eben in der parallelen Ausübung aller einzelnen Geistesgaben in ihrer Verschiedenheit und Besonderheit. Das göttlich vollkommene Gleichgewicht ergibt sich erst durch den sich ergänzenden Dienst der verschiedenen Gaben, und es ist immer ein unnatürlicher Zustand, der eine große Gefahr bedeutet und leicht ungesunde Entwicklungen aus-

[17]   Nach Ralf *Luther*, Neutestamentliches Wörterbuch.
[18]   Nach Ludwig *Albrecht*, Das Neue Testament in die Sprache der Gegenwart übersetzt und kurz erläutert.

löst, wenn eine einzelne Gabe — wie etwa gerade die der Erkenntnisrede — in eine der Schrift widersprechende Vorherrschaft gedrängt wird. Die Kirchengeschichte — gerade auch die des Protestantismus — bietet uns hierfür traurige Beispiele. Nach Gottes Plan sollen eben *alle* Gaben zusammenwirken, denn nur so kann das normale Wachstum der einzelnen Glieder sich vollziehen und nur so der Aufbau des gesamten Leibes zur Vollendung kommen (vgl. Eph. 4, 11—16; 1. Kor. 12, 4—31).

b) *Das Reden in neuen Sprachen:* Vielleicht läuft da manchem ein kalter Schauer den Rücken hinunter: Wie kann von etwas so Anstößigem die Rede sein?! Aber wir kommen nicht daran vorbei, denn das Neue Testament spricht, und zwar nicht nur am Rande, von der Sprachengabe. Sogar der HErr *Jesus* selbst erwähnt es ausdrücklich, als Er auf die mitfolgenden Zeichen zu sprechen kommt: »In Meinem Namen werden sie in neuen Sprachen reden« (Mark. 16, 17). Wollen wir also dem Worte Gottes ohne Vorbehalt gehorsam sein, dann können wir diese Gabe nicht unterschlagen. Allerdings muß eines gleich betont werden: Wenn wir jetzt davon sprechen, dann meinen wir nur das biblische, das echte Sprachenreden — und nicht das vom Teufel imitierte. Wir wissen gut, daß der Teufel zur Verwirrung der Gemüter alles nachäfft und es auch ein dämonisch inspiriertes Sprachenreden gibt. Da ist eben die Gabe der Geisterunterscheidung notwendig, auf die wir noch zu sprechen kommen, und Vorsicht ist sehr am Platze, weil sich leicht Falsches einschleicht. Wir meinen also jetzt das echte, geistgewirkte Reden in neuen Sprachen. Und da ist es uns nun vom Neuen Testament her nicht erlaubt zu sagen: das haben wir nicht nötig. Wenn der HErr Seiner Gemeinde diese Gabe zugedacht und verheißen hat, — wer sind wir, daß wir Ihm in den Arm fallen und selbstsicher sagen: Nein danke, das ist mir zu anrüchig; das würde ja meinen guten Ruf gefährden! Wer gibt uns das Recht dazu, dieses Charisma abzulehnen? Paulus nicht, und noch viel weniger der HErr Jesus. Gewiß sagt Paulus, es soll die Sprachengabe in der Gemeinde öffentlich nur dann gebraucht werden, wenn auch einer da ist, der die Interpretation dazu geben kann; ohne solche hat die Gemeinde ja nichts davon, drum lieber fünf Worte klar, so daß man sie versteht, als tausend Worte in neuen Sprachen. Aber gleichzeitig sagt er: »Ich will aber, daß ihr *alle (sic!)* in Sprachen redet!« (1. Kor. 14, 5).[19]

Wollen wir den Apostel Paulus deshalb unter die »Pfingstler« rechnen? Oder sind wir endlich bereit, uns auch hier der Autorität seines apostolischen Wortes zu beugen? Es wird oft behauptet, für Paulus habe die Sprachengabe eine ganz untergeordnete und nebensächliche Rolle gespielt; nein! Schreibt er doch: »Ich *danke* Gott, daß ich *mehr* in Sprachen rede als ihr alle« (V. 18). Dabei denkt er wohl vor allem an das Sprachengebet (V. 14. 15a) und den Sprachengesang (V. 15b)[19a] oder besser ausgedrückt: das Beten im Geist und das

---

[19] Vgl. Karl *Heim* z. d. St.: »Es ist wichtig, das festzustellen, daß Paulus es (den Gliedern der Gemeinde) wünscht, Zungenredner zu sein, da er nicht, wie die Rationalisten behaupten, es für etwas Untermenschliches hält, in Zungen zu reden. Er hält die Zungenrede für etwas, was notwendig zum Gemeindeleben gehört . . . « (Die Gemeinde des Auferstandenen. München 1949, S. 194). Und weiter ebenda: »Wir haben hier einen elementaren Zustand, der mit der Erweckungsbewegung zusammenhängt . . . « (S. 193). Der Apostel Paulus »freut sich, daß der Strom der Zungenrede urgewaltig aus der Seele der Urgemeinde hervorbricht. Wenn dieser Strom versiegen würde, dann wäre viel verloren gegangen; wenn bloß theologisiert würde, das wäre epigonenhafte Art dessen, was bloß der Verstand erkennt« (S. 209). Zusammenfassend stellt Prof. Heim zu den Kapiteln 1. Kor. 12—14 fest, sie seien von gewissen Kreisen *peinlich* empfunden worden; »etwas so Unnüchternes«, so denken diese Kreise noch heute, »sollte in der Gemeinde gar nicht vorgekommen sein. Wir haben das Kirchenlied und brauchen nicht solche Ausbrüche im Enthusiasmus . . . In Wahrheit sehen wir, wenn wir in der wirklichen Geschichte der Urchristengemeinde bekannt sind, daß das Zungenreden keineswegs ein Kuriosum gewesen ist, daß vielmehr bei allen großen Erweckungen die Zungenrede als *ständige Erscheinung* bei der Erweckung da ist, so bei der Erweckung in Wales, bei den großen Bewegungen in Westdeutschland, bei Tersteegen, dann im 19. Jahrhundert und so fort. Die Theologen sind mit der Gemeindebewegung sehr wenig vertraut, wenn sie es als Kuriosum ansehen. Warum gehört die Zungenrede notwendig zu einer Erweckungsbewegung? . . . Wenn der Geist Gottes den ganzen Menschen ergreift, dann müssen beide Bereiche von ihm durchdrungen sein, sowohl das bewußte Denken wie auch das, was willkürlich aus der Tiefe hervorbricht . . . « (S. 207 f.).

[19a] Das Singen in neuen Sprachen ist wohl auch mit den »pneumatischen Gesängen« in Eph. 5, 19 und Kol. 3, 16 gemeint. Auf

Singen im Geist, wie es ihm in stillen Stunden offenbar oft geschenkt war[19b]; daneben aber sicher auch an das vom Geist in den Versammlungen geschenkte und interpretierte Sprachenreden zur Auferbauung der Gemeinde. Daß es beim Sprachenreden auch um die Verkündigung des göttlichen Willens und um die Bezeugung Seiner Großtaten geht, sehen wir am Pfingstgeschehen (Apg. 2, 11). — Im übrigen werden wir ausdrücklich davor gewarnt, das Reden in neuen Sprachen zu hindern (V. 39b), denn das wäre ein Dämpfen des Heiligen Geistes (1. Thess. 5, 19). Jedenfalls ist sicher, daß Gott je und dann Seiner Gemeinde durch Sprachenrede unmittelbare Hilfe zur persönlichen und auch gemeinsamen Erbauung gegeben hat und zu der so nötigen Förderung des geistlichen Lebens auch heute geben will, wofür wir offen zu sein haben.[20]

c) Noch ungleich wichtiger für das Leben der Gemeinde ist allerdings die prophetische Gabe, *das Weissagen*. Deshalb heißt es an der erwähnten Stelle (1. Kor. 14, 1): »Seid eifrig bemüht um die Gnadengaben, vor allem aber, daß ihr *weissagt!*« Das ist bei Paulus ganz auffällig, daß er immer wieder auf die hohe Bedeutung und Unentbehrlichkeit der prophetischen Gabe zu sprechen kommt: so am Schluß dieses Kapitels noch einmal: »Also, meine Brüder, — wenn ihr das

---

Grund der Lutherübersetzung (»geistliche liebliche Lieder«) denkt man gewöhnlich dabei nur an den Gegensatz zu weltlichen Liedern. Was aber Paulus eigentlich im Auge hat, wird an der Übersetzung von Adolf Schlatter und Werner de Boor deutlich; sie lautet: »Lieder, *wie der Geist sie gibt!*«

[19b] W. *de Boor* schreibt zu Röm. 8, 26: »Paulus kann dabei an das Gebet mit der ›Zunge‹ gedacht haben. Die sogenannte ›Zungenrede‹ ist ihm ja nach 1. Kor. 14 offensichtlich ein Reden zu Gott hin (V. 2), Beten (V. 13—15), Psalmen singen (V. 15), Segnen (V. 16), Danksagung (V. 16/17)« (S. 205, Anm. 160).

[20] Das Betonen dieser Gabe ist notwendig, weil über sie heute in der Christenheit eine erschreckende Unkenntnis herrscht und auf Grund dieser Unkenntnis eine starke Voreingenommenheit und Abneigung dieser göttlichen Gnadengabe gegenüber, wodurch ohne Zweifel der Heilige Geist gedämpft wird. — Vgl. auch die ausgezeichnete Arbeit eines amerikanischen Lutheraners, die auch in deutscher Übersetzung erschienen ist: Rev. Larry *Christenson*, Die Gabe des Zungenredens in der lutherischen Kirche (Verlag Dr. R. F. Edel, Marburg 1963).

Gesamtergebnis nun zusammenfassen wollt: — seid eifrig bemüht um das Weissagen!« (V. 39a). Mit Eifer streben nach der prophetischen Gabe, tun wir das? Viele wissen nicht einmal, was sie sich unter der neutestamentlichen Gabe der Weissagung vorzustellen haben. Manche denken, jede ihrer Predigten sei Prophetie . . . So ferne ist uns diese Gabe gerückt. Wie aber äußert sie sich denn nun? Es gibt dazu die verschiedendsten Möglichkeiten. Wenn etwa einem Jünger der unmittelbare Durchblick in die Herzen gegeben wird, wie z. B. dem Apostel Petrus bei Ananias und Saphira (Apg. 5), — das ist Prophetie. Oder wenn man — sei es in der Verzückung (Ekstase), sei es im Traum oder bei normalem Bewußtsein — ein Gesicht, eine Schau vom HErrn empfängt, wie etwa Petrus es in Joppe erlebt hat (Apg. 10, 10 bis 20. 28b), — das ist Prophetie. Oder wenn der Heilige Geist einem Jünger unmittelbar eine Botschaft gibt, so daß dieser sagen kann: »So spricht der HErr«, wie es in Antiochien geschah (Apg. 13, 1 ff.), — das ist Prophetie. Gemeint ist also nicht nur die Fähigkeit, Künftiges zu künden, sondern die Gabe, durch unmittelbare Erleuchtung des Geistes auch das Vergangene ins Licht zu stellen, vor allem aber die *Gegenwart* göttlich zu durchschauen. »Die Gemeinde des HErrn soll durch die Weissagung erleuchtet werden in dem, was ihr jetzt zu erkennen nottut. Die Prophetie bringt ins Leben der Gemeinde immer wieder einen Zug göttlicher Frische und Unmittelbarkeit; durch sie kommt auch immer neues Leben in das sonst zum Buchstaben erstarrende Bibelwort. Darum hängt Sein und Nichtsein der Gemeinde daran, ob es unter ihr Weissagung gibt . . . Es ist ein Zeichen großer geistlicher Blindheit, wenn man die Weissagung, wo sie auftritt, nicht als Weissagung erkennt . . .« (Ralf Luther, a. a. O., S. 210).

Allerdings darf der Inhalt der Weissagung nicht im Gegensatz zur Heiligen Schrift stehen; daran erweist sich ihre Echtheit im Unterschied zur falschen Prophetie, die es ja auch gibt. Je mehr wir dem Abschluß dieses Äons entgegengehen, desto mehr wird Satan durch falsche Propheten die Gemeinde zu verwirren suchen. Deshalb muß jede Weissagung auf ihre Echtheit geprüft werden (1. Kor. 14, 29b). Welche erstaunlichen Auswirkungen sich aber ergeben, wenn der Heilige Geist durch Prophetenmund in der neutestamentlichen Gemeinde unmittelbar redet, das ist Vers 24 f. beispielhaft geschildert: Wenn sie alle prophetisch reden und es kommt ein Ungläubiger oder Uneingeweihter (Fernstehender) herein, so wird er von allen überführt, von allen beurteilt, das Verborgene seines Herzens wird offenbar, und so fällt er auf sein Angesicht und betet Gott an, indem er ausruft: »Wahrhaftig: Gott ist mitten unter euch!« — Merken wir, warum diese Gabe so nötig ist, auch und gerade für uns heute? Verstehen wir, warum Paulus im Namen des HErrn ausdrücklich die Warnung ausspricht: »Weissagungen schätzt nicht gering!«? (1. Thess. 5, 20.)[20a] Wir brauchen diese Gnadengabe dringend, damit der HErr unser Gott wieder unmittelbar zu uns redet und den Gemeinden dadurch wieder Seine lebendige, heilige Gegenwart in den gottesdienstlichen Versammlungen zum Bewußtsein kommt.

Wie sehr aber jede Gnadengabe und gerade auch die Prophetie auf den Namen *Jesus* ausgerichtet ist, zeigt sich daran, daß geschrieben steht: »Der Geist der Weissagung ist das *Jesus*-Zeugnis« (Offb. 19, 10c), ein Zeugnis also, das Jesus ablegt, eine Offenbarung, die Er kundtut. Was der HErr Jesus als unser großer und treuer Hoherpriester im Himmel in Seinem Herzen bewegt, das will Er durch den Heiligen Geist auf Erden in Seiner Kirche durch Weissagung kundmachen (Joh. 16, 13. 14). So ist Weissagung der Ausdruck des Herzens Jesu in der Gemeinde, Seinem Leib: der Ausdruck Seiner Leiden, Seiner Freude, Seiner Sehnsucht, Seiner Tröstung.[21]

d) *Die Gabe der Unterscheidung von Geistern* (1. Kor. 12,

[20a]   »Es bleibt doch und muß bleiben bei der Erfüllung der Joelverheißung durch Pfingsten: ›Eure Söhne und Töchter sollen weissagen und eure Jünglinge sollen Gesichte sehen und eure Ältesten sollen Träume haben‹ (Apg. 2, 17). Es muß bleiben bei eines Mose Sehnen: ›Wollte Gott, daß all das Volk des Herrn weissagte!‹ (4. Mose 11, 29). Trotz aller schweren und bitteren Erfahrungen der Gemeinde Gottes bis in unsere Tage muß es dabei bleiben! Geistesfeuer muß brennen und seine Flammen senden, sonst haben wir nur noch erstarrte Lava, aus der Theologen ihre Lehrsätze fertigen« (W. de Boor, Die Briefe des Paulus an die Thessalonicher. Wuppertal 1960. S. 107).

[21]   So L. *Albrecht* in seiner Anmerkung zu 1. Kor. 12, 10 b.

10c) ist außerordentlich wichtig.[22] Wir sprachen schon davon, daß diese Gnadengabe notwendig ist, um das echte Zungenreden vom satanisch imitierten und die echte Prophetie von der falschen zu unterscheiden; sie ist überhaupt wichtig, um die berufenen Boten und wahren Jünger des HErrn unterscheiden zu können von den Verführern und Heuchlern, die zwar den Schein und die äußere Form eines christlichen Wesens zur Schau tragen, aber doch die Auferstehungskraft des HErrn nicht kennen und deshalb zu meiden sind (2. Tim. 3, 5), die in harmlosen Schafskleidern zu uns kommen, inwendig aber reißende Wölfe sind (Matth. 7, 15). Je näher der Tag des Herrn heranrückt, desto wachsamer muß die Gemeinde auf der Hut sein und sich vorsehen: »Denn aufstehen werden falsche Messiasse und falsche Propheten, und von sich werden sie geben große Zeichen und Wunder, um womöglich sogar die Auserwählten zu verführen. Siehe! angesagt habe Ich es euch vorher!« (Matth. 24, 24 f.). Der Apostel Johannes nimmt diese Warnung seines HErrn auf, wenn er schreibt: »Geliebte, schenkt nicht jedem Geist Glauben! Prüft vielmehr die Geister, ob sie wirklich aus Gott sind! Denn viele Lügenpropheten sind in die Welt ausgegangen« (1. Joh. 4, 1). Wohl der Gemeinde, zu der der erhöhte HErr sagen kann: »Ich weiß, daß du böse Leute nicht ertragen kannst; du hast sie auf die Probe gestellt, die sich selbst als Apostel ausgeben, ohne es zu sein, und hast sie damit als Lügner *entlarvt*« (Off. 2, 2). Verstellt sich Satan selber als ein Bote des Lichtes, um nicht erkannt zu werden, so ist es nichts Erstaunliches, daß sich auch seine Diener verstellen als Diener der Gerechtigkeit (2. Kor. 11, 13–15). Wenn das aber die Lage ist, in der sich die Gemeinde — vollends in der Endzeit — befindet, dann ist es leicht einzusehen, wie unentbehrlich die Gnadengabe der Geisterunterscheidung sein muß, wenn es nicht dem Satan gelingen soll, durch seine im Gewande des Lichts auftretenden Werkzeuge die Auserwählten zu blenden und in die Irre zu führen. Wie groß aber muß die Verwirrung in der Gemeinde Gottes werden, wenn die Gabe der Geisterunterscheidung fehlt!

[22]   Vgl. dazu das lesenswerte Heft von Dr. med. Alfred *Lechler*, »Die Prüfung der Geister«, Witten 1959.

Sie ist nämlich nicht nur *dazu* notwendig, daß unter denen, die sich Christen nennen und mit ihren angeblichen Gnadengaben im Namen des HErrn auftreten, die Diener des Satans durchschaut und als solche entlarvt werden können, sondern ebenso auch dazu, daß die echten Träger göttlicher Gaben als solche erkannt und nicht versehentlich als dämonisch inspiriert verurteilt werden. Gerade diese Gefahr ist in Deutschland sehr akut. Man hat sich nämlich angewöhnt, Gabenträger, die eine »Botschaft« gebracht haben, die sich als falsch herausstellte, ohne weiteres und unbedenklich als schwarmgeistige Verführer zu bezeichnen und ihre Gaben als »von unten« abzulehnen. So einfach aber geht es nicht.

Nach dem Neuen Testament muß man nämlich mit der Möglichkeit rechnen, daß auch die Träger echter Geistesgaben eine unechte, falsche Botschaft bringen können. Das biblische Beispiel hierfür ist der in Apg. 21, 4 erwähnte Vorfall.[23] Wäre es nämlich so, wie heute weithin angenommen wird, daß der Träger einer echten Gabe der Weissagung sozusagen automatisch und mechanisch *nur* echte Botschaften und keine falschen bringen kann, dann wäre ja die apostolische Anordnung von 1. Kor. 14, 29 gegenstandslos, derzufolge »die anderen« die *Beurteilung* der Botschaften vornehmen sollten, sobald zwei oder drei Propheten gesprochen haben. So ist nicht nur beim Propheten, sondern auch bei denen, die vom HErrn die Gabe der Weisheits- und Erkenntnisrede oder die Gabe der neuen Sprachen und deren Auslegung empfangen haben, *jederzeit* mit der Möglichkeit zu rechnen, daß sie eine falsche Botschaft bringen, d. h. etwas sagen im Namen des HErrn, was nicht dem Willen des HErrn entspricht. Der Grund hierzu liegt in dem bereits erwähnten Zusammenwirken zwischen dem Heiligen Geist und dem menschlichen Geist des jeweiligen Gabenträgers. Deshalb mahnt Paulus Röm. 12, 3 mit den Worten: »Keiner von euch denke höher von sich, als es recht ist, sondern ein jeder sei besonnen, denke bescheiden von sich

---

[23] Damals sagten einige Jünger in Tyrus dem Apostel Paulus »durch den Geist«, er solle nicht hinauf nach Jerusalem ziehen. Diese prophetische Botschaft war offensichtlich nicht dem Willen Gottes entsprechend; nach Gottes Willen sollte der Apostel nach Jerusalem gehen und dort den Heiden ausgeliefert werden (vgl. Apg. 21, 11).

und schätze sich nach dem Maß des Glaubens ein, das Gott ihm verliehen hat!«[24] Außerdem sei an 1. Thess. 5, 19—21 erinnert, wo Paulus die Brüder in Thessalonich ermahnt, sie sollten den Geist nicht auslöschen[24a] und die Weissagungen nicht verachten, sondern vielmehr alles prüfen und das Gute behalten. Offenbar standen schon damals manche Gläubige in der Gefahr, Weissagungen zu verachten. Warum wohl?

[24] Wir merken hieraus: Es kann einer unbesonnen sein und nun im Bewußtsein seiner prophetischen Gabe einfach darauflos weissagen, ohne zu beachten, welches Maß des Glaubens ihm zugeteilt ist; so überschätzt er sich und weissagt nun verkehrte Dinge: er weissagt nicht nach dem Maß des Glaubens, empfängt nicht im Glauben Botschaft vom HErrn, sondern redet aus dem eigenen Geist heraus. Daß so etwas nicht nur heute leicht vorkommen kann, sondern auch in der apostolischen Zeit schon vorgekommen ist, sehen wir an der bereits erwähnten Begebenheit in Tyrus: die dortigen Jünger weissagten nicht nach dem Maß des Glaubens, sondern nach dem, was ihr Herz in jener Sache empfand (Apg. 21, 4).

[24a] Oberkirchenrat Dr. de Boor schreibt z. d. St.: »An der Spitze steht die Warnung: ›Den Geist löscht nicht!‹ Heiliger Geist ist Feuer. Wissen wir das überhaupt noch, die wir in der reinen Lehre das wesentliche Merkmal der rechten Kirche sehen und die gemäßigte Temperatur in ihr so lieben? Luthers instinktive und leidenschaftliche Abneigung gegen alles ›Schwärmertum‹, die seine Begegnung mit allerlei schwierigen Bewegungen der Reformationszeit noch schwieriger und negativer werden ließ, hat die Sorge vor ›Schwärmerei‹ zu einem Grundzug evangelischen Kirchentums gemacht. Wo immer ein Feuer auflodert, fürchten wir sofort den unheilvollen, das Haus der Kirche gefährdenden Brand. Darum gehört es zu dem Typischen der evangelischen Kirchengeschichte, daß neue Bewegungen in ihr nie fröhlich begrüßt, sondern stets erst einmal beargwöhnt und bekämpft worden sind. Das ›Löschen‹ bedenklichen Feuers erscheint als eine Hauptaufgabe von Kirchenleitung und Theologie. Paulus aber mahnt gerade umgekehrt: ›Löscht nicht das Feuer des Heiligen Geistes!‹ Es muß also schon in jener jungen Gemeinde eine Neigung dazu vorhanden gewesen sein — eine für uns erstaunliche Feststellung... Dann aber ist es besonders bemerkenswert, daß ein Paulus mit seinen Mitarbeitern nun gerade nicht jene ängstlichen Folgerungen zieht, die uns so in Fleisch und Blut übergegangen sind, sondern im Gegenteil jenen kritischen Teil der Gemeinde vor allem ›Löschen‹ warnt! Paulus konnte auch hier wieder scheinbar Widersprechendes klar vereinen: ›Setzt euren Ehrgeiz darein, ruhig zu sein‹ und ›Den Geist löscht nicht.‹ An der Feuernatur des Geistes kann man nichts ändern, und Feuer will und muß brennen. Verkennt man das, so erhält man jenen ›Heiligen Geist‹, dessen Dasein nur noch dogmatisch behauptet, von der Gemeinde aber

Sicherlich deshalb, weil sich eben in die Weissagungen allerlei Menschliches und damit Falsches eingemischt hatte.
Damit kam die ganze Prophetie in Verruf. Der Apostel
aber warnt die Thessalonicher davor, daß sie nicht durch
Verachtung der Prophetie den Geist auslöschen. Denn wenn
sie auf Weissagungen überhaupt nicht mehr achteten,
konnten sie ja auch den Heiligen Geist nicht hören, wenn
Er wirklich durch die Propheten sprach. So gibt Paulus ihnen
im Namen des HErrn die Weisung, die Prophetie keinesfalls
zu verachten, vielmehr alle Weissagung zu *prüfen*, d. h. je-
weils das Echte vom Falschen zu unterscheiden und das Gute
darin zu behalten.[25] Wir sehen also, daß sich wie in jeder ge-
wöhnlichen Verkündigung, so auch bei jeder Weissagung, jeder Sprachenaussage, jeder Weisheits- oder Erkenntnisrede ein
Gemisch finden kann, das dadurch entsteht, daß der Menschengeist nicht völlig dem Heiligen Geist hingegeben und untertan ist, obschon dies dem Redenden selbst oft gar nicht bewußt sein mag.[26]

---

nicht mehr lebendig und unwiderleglich erfahren wird. (Ein typi-
sches Beispiel dafür ist die Lehre vom Geistempfang bei der Säug-
lingstaufe. Von irgendwelchem Brennen ist in dem getauften Kinde
nichts zu merken. Flamme, Licht und Kraft ist nicht da. Aber nach
bestimmten Schriftworten ›muß‹ der Geist durch die Taufe da sein,
also ist das ›Feuer‹ da, auch wenn nichts brennt.)« (a. a. O., S.
105 f.).

[25]   Dasselbe gilt von der Sprachengabe, auch hier muß Paulus
warnen, und zwar diesmal die Korinther: »Das Reden in Sprachen
dürft ihr nicht hindern!« (1. Kor. 14, 39b). Offenbar hatte sich auch
hier Menschliches und damit Falsches eingeschlichen. Auch beim
Sprachenreden wie bei dessen Interpretation ist der menschliche Geist mit-
beteiligt, und dadurch besteht jederzeit die doppelte Möglichkeit, daß einer, der diese Gabe von Gott bekommen hat, nun in Sprachen redet, weil
der Heilige Geist es ihm gibt auszusprechen, oder aber, weil der eigene
Geist das Bedürfnis hat, in Zungen zu reden. Und selbst dann, wenn der
Heilige Geist selbst durch ihn reden will, kann es immer noch sein, daß
Menschliches mit einfließt.

[26]   Vgl. dazu Alfred L e c h l e r, a. a. O., S. 47: Bei den Propheten in Tyrus war also »ihre göttliche Botschaft mit einer Regung
ihres eigenen Inneren *vermischt* . . . Die Gefahr, daß man ungewollt und unbewußt der göttlichen Botschaft durch eigene Gedanken nachzuhelfen sucht, *besteht überall*, wo Menschen als Werkzeuge Gottes gebraucht werden«. Ebenso bei Werner d e B o o r,

Außerdem muß man ja auch mit der Gefahr rechnen, daß jemand, dem Gott geistliche Gaben geschenkt hat, sich nun darauf etwas einbildet. Er mag jetzt in fälschlicher Weise denken, er habe dadurch ein höheres Maß des Heiligen Geistes als ein anderer. So schätzt er sich falsch ein; indem er sich aber überschätzt, verfällt er dem Geist des Hochmuts. Läßt er sich nun von niemandem mehr etwas sagen, so muß der HErr ihn ja irgendwie zuschanden werden lassen; der Heilige Geist kann dann nicht mitwirken, und so wird es offenbar, daß die Botschaften, die er ausrichtet, nicht mehr vom Heiligen Geist gegeben sind, obwohl es eine echte Geistesgabe gewesen ist, die er empfangen hatte.

So dürfte deutlich geworden sein, wie *vorsichtig* man sein muß, wenn man von einer falschen »Botschaft« den Rückschluß ziehen will auf die Herkunft der Gabe, die der einzelne ausübt. Wie oft ist es doch vorgekommen, daß echte Gaben des Heiligen Geistes zu Unrecht einem Geist von unten zugeschrieben wurden, nur weil die betreffenden Charismatiker sich bei der Betätigung ihrer Gnadengaben nicht immer vom Heiligen Geist, sondern oft von ihrem eigenen Geist haben bestimmen lassen! Wie nötig haben wir deshalb das Charisma der Geisterunterscheidung, damit wir nicht durch kurzschlüssige Fehlurteile an Brüdern schuldig werden![26a]

Die Briefe an die Thessalonicher, S. 107: Es kann »im Neuen Bund viel leichter als im Alten geschehen, daß sich für den ›Weissagenden‹ ungewollt und unvermerkt Geistgeschenktes und Selbstgedachtes, Geistliches und Seelisches *mischen*«.
»Wer die Geschichte der christlichen Kirche studiert, der weiß, daß sich hier unter *jeder* Geistesbewegung Seelisches, ja Fremdes *beimischt*«, hat Otto *Stockmayer* mit Recht gesagt.

[26a] Wieviel Versündigung gegen die Liebe und Wahrheit, wieviel Dämpfen des Heiligen Geistes und wieviel Verwirrung und Spaltung unter dem Volke Gottes hätte während der letzten 60 Jahre bei uns in Deutschland vermieden werden können, wenn die Führer der Gemeinschaftsbewegung in ihrem Verhalten gegenüber der Pfingstbewegung das beherzigt hätten, was Pastor *Stockmayer* in seiner Beurteilung der großen Erweckung von *Wales* im Jahre 1905 gesagt hat: »Mit vielem, was ich drüben in den Versammlungen erlebte, wußte ich nichts Rechtes anzufangen. Es schien mir seelisch zu sein. Überhaupt muß ich sagen, daß, wer nach Wales fuhr, um Kritik zu üben, dazu Stoff genug fand. Ich schicke das voraus, damit ihr seht, daß nicht alles, was dort geschieht, Geist ist. — Aber

Im übrigen bedarf jeder Träger dieser Gabe großer *Demut*, damit er nicht aus dem Selbstbewußtsein heraus redet. Er muß immer bereit sein, sich selbst von Gott durchrichten zu lassen. Er muß auch bei seinen eigenen Aussagen unterscheiden ler-

das ist nicht das Wesen der Sache, um die es geht... Es wird für die zukünftige Entwicklung des Reiches Gottes doch alles darauf ankommen, ob die Gemeinde Gott versteht in Seinem Tun in Wales. Die Waliser Erweckung ist nicht eine solche, wie wir deren schon überall und zu allen Zeiten gehabt haben. Das *Neue* in Wales ist dies, daß dort ein Ende gemacht wird mit der Herrschaft des Menschengeistes in den Versammlungen. Nicht mehr der Geist der Pastoren und Prediger ist dort am Ruder, sondern die einfältigen Brüder in Wales haben den kühnen Mut aufgebracht, in Wahrheit zu glauben an die göttliche Leitung durch den Heiligen Geist in den Versammlungen der Glaubenden. Unsere Gottesdienste müssen wieder unter die Inspiration des Heiligen Geistes kommen! Wer da nicht selber in seinem Leben unter Inspiration steht, den kann Gott in dem Neuen nicht gebrauchen. — Das erscheint mir als das Neue und als der Fortschritt des Reiches Gottes in Wales und an all den Orten, wo bisher diese Erweckung sich Bahn gebrochen hat. Diesem Fortschritt gegenüber erscheinen mir die seelischen und menschlichen Irrungen, die sich dort eingemischt haben, von untergeordneter Bedeutung, und wir sollten uns nicht dabei aufhalten. Je mehr Mut wir haben, in diesem allem wirklich der Leitung des Heiligen Geistes zu vertrauen, um so schneller wird Er mit den menschlichen Beimischungen fertig werden, während das Eingreifen der menschlichen Hand den Schaden nur vermehren wird.« (Zitiert bei Eugen Edel, Der Kampf um die »Pfingstbewegung«, Mülheim/Ruhr 1949, S. 11.) — Es sei in diesem Zusammenhang auch darauf hingewiesen, daß der bekannte Nervenarzt und Seelsorger Dr. Alfred *Lechler* sich mit großer Entschiedenheit gegen die von gewissen Kreisen unermüdlich wiederholte Behauptung wendet, daß ein besonders geprägter »Pfingstgeist« auch heute noch wie vor 50 Jahren sein verderbliches Werk treibe, indem jeder, der mit ihm in Verbindung komme, von diesem Geist angesteckt werde. In seinem Heft »Zum Kampf gegen die Pfingstbewegung« (Bundes-Verlag, Witten/Ruhr 1964) schreibt A. *Lechler* abschließend: »Die Auffassung ist irrig und muß fallengelassen werden, daß es einen Pfingst- oder Zungengeist gebe, der sich, als Lichtengel getarnt, wie ein ansteckender Krankheitserreger von Mensch zu Mensch fortpflanze und sich auch heute noch in sämtlichen Pfingstrichtungen und allen Bewegungen zeige, die einmal Berührung mit einer Pfingstgemeinde oder mit einem einzelnen Pfingstler hatten. Denn diese Ansicht entbehrt jeder wirklichen Grundlage... Die Furcht vor der Ansteckung durch einen sogenannten ›Pfingstgeist‹, die heutzutage bei nicht wenigen Gläubigen noch ebenso groß ist wie vor fünfzig Jahren, ist daher durchaus unbegründet« (S. 18).

nen zwischen dem, was er vom Geist Gottes empfangen hat, und dem, was aus seinem Menschengeist stammt. So steht es ihm auch nicht zu, kraft seiner Gabe Verdammungsurteile auszusprechen; denn was er sagt, muß auch erst wieder geprüft werden. So ist es wichtig für ihn, sich in die Bruderschaft des Christusleibes hineinzustellen, um von seiten der Brüder die notwendige Korrektur und Ergänzung zu empfangen. Er wird außerdem viel betend in der Stille sein müssen, um dann in Klarheit sehen und reden zu können.

Der entscheidende Maßstab aber für jedes Prüfen der Geister ist immer wieder *Jesus* selbst als das fleischgewordene Wort in Seiner Ganzheit: wie Er sich während Seines Erdenlebens erwies, wie Er zur Rechten Seines Vaters thront und regiert, und wie Er in Seiner Gemeinde lebt und Sich offenbart. *Jesus* allein ist letztlich der Prüfstein, an dem alles zu messen ist; Er ist das A und das O, der Ursprung und das Ziel, ein und alles. »Von Ihm und durch Ihn und auf Ihn hin sind alle Dinge. Ihm gebührt die Verherrlichung in alle Ewigkeit. Amen« (Röm. 11, 36).

II. Beten in Jesu Namen

1. *Im Namen Jesu dürfen wir danken,* und zwar nicht nur für das Angenehme und Willkommene, sondern »*allezeit für alles*« (Eph. 5, 20), also auch für das Schwere und Unerwünschte. Aus sich selber bringt das niemand fertig, aber es wird möglich, wo es geschieht »in dem Namen unseres HErrn *Jesus*«, wie Paulus ausdrücklich betont; damit will er sagen: Im Blick auf Jesus und Sein Kreuz wird uns die Liebe unseres Vaters so groß, so deutlich, so gewiß, so unantastbar, daß wir dann auch hinter den schweren Führungen unseres Lebens diese Liebe sehen und erkennen, ja daß wir selbst angesichts aller Rätsel unseres persönlichen Lebens und aller unbegreiflichen Geschehnisse in der weiten Welt an diese Liebe glauben können. Wenn wir uns aber an diese Liebe hingeben, wissen wir ja, daß Gott uns in Seiner Liebe *alles* zum Guten zusammenwirken läßt, daß uns also auch die Trübsale, Enttäuschun-

gen und Leiden zum Besten dienen müssen; und *so* können wir für alles danken, weil uns allezeit — auch und gerade auf den dunklen Wegen unseres Lebens — die Liebe Gottes vom Angesicht unseres HErrn *Jesus* leuchtet. Es hängt aber viel davon ab, *ob* wir es lernen, allezeit für alles zu danken, denn die Bedrängnisse unseres Weges können uns den vom HErrn uns zugedachten Segen nur in dem Maße einbringen, als wir sie mit Danken von Gott *annehmen.* Solange wir uns aber noch dagegen auflehnen, uns dadurch verbittern lassen oder in Selbstmitleid verfallen, geht uns der Segen des Leides verloren; wenn wir hingegen im Namen unseres HErrn *Jesus* dafür danken und in vertrauensvollem Gehorsam »Ja, Vater!« sagen, dann werden wir erfahren, wie Gott denen, die Ihn lieben, alles, aber auch wirklich alles zum Guten zusammenwirken läßt, nämlich zu ihrer Umgestaltung in das Ebenbild Seines Sohnes, auf daß Er der Erstgeborene unter vielen Brüdern sei (Röm. 8, 28. 29). »Denn wen der HErr lieb hat, den erzieht Er« (Hebr. 12, 6); die Erziehungsschule aber, in die der himmlische Vater Seine Kinder aus Liebe hineinstellt, ist das Leiden. Dabei hat Er nur unser Bestes im Auge: nämlich daß wir »Seiner Heiligkeit teilhaftig werden« (Hebr. 12, 10) und dadurch tüchtig, befähigt, zubereitet werden für das Erbteil der Heiligen im Licht (Kol. 1, 12). Daran laßt uns immer denken! Dann werden wir auch imstande sein, dem Vater der Herrlichkeit allezeit für alles in Jesu Namen zu danken.

2. Es gilt, im Namen Jesu sich zu beugen.

a) Zu solcher Beugung hat ja jeder genug Anlaß schon im Blick auf seine *eigene* Schuld und Sünde, alles eigene Versagen und Versäumen. Wie schwer aber fällt doch dem Stolz des alten Menschen solche Beugung! Und doch gilt unerbittlich der Grundsatz, daß Gott uns widerstehen muß, solange wir unseren Hochmut noch festhalten, und erst dann uns Gnade geben kann, wenn wir uns demütigen (1. Petr. 5, 5c; Luk. 14, 11; 18, 14). Wo aber wäre uns eine bessere Gelegenheit zu echter Demütigung gegeben als in der Einzelbeichte? Dort also, wo man als Sünder in der Gegenwart eines Zeugen dem HErrn die bestimmten Sünden bekennt, auf die Er das Licht Seines Heiligen Geistes hat fallen lassen — wo man also bereit ist, sich vor Gott *und* Menschen zu demütigen! Klar weist uns die Schrift auf diesen Weg der Beugung, wenn es Jak. 5, 16a heißt: »Bekennet einander offen eure Sünden ... « Wer aber dieser klaren Weisung ausweicht, indem er behauptet, er bedürfe zur Beichte keines Zeugen, sondern mache sie mit Gott allein ab, der sehe wohl zu, daß er nicht einem gefährlichen Selbstbetrug anheimfalle.[1] Gilt hier nicht das Apostelwort aus 1. Joh. 4, 20b in abgewandelter Form: Wer sich schon nicht beugen will vor seinem Bruder, den er sieht, wie kann er sich vor Gott beugen, den er nicht sieht? Wer aber zu solcher Beugung vor dem Bruder bereit ist, wer also vor einem Zeugen seine Sünden dem heiligen und lebendigen Gott, der ein verzehrendes Feuer ist, bekennt, darf es tun im Namen des HErrn *Jesus*, d. h. unter Berufung auf dessen stellvertretendes Opfer, das Er am Kreuz für unsere Sünden gebracht hat. Ohne das würde keine Beichte helfen. Gesegnet aber, ja glückselig sind die Menschen, die hier dem Wort Gottes gemäß

---

[1] Wer könnte überhören, was Dietrich *Bonhoeffer* über die evangelische Einzelbeichte gesagt hat: »In der Beichte geschieht der Durchbruch zur Gewißheit. Woran liegt es, daß uns oft das Sündenbekenntnis vor Gott leichter wird als vor dem Bruder? . . . So müssen wir uns fragen, ob wir uns mit unserem Sündenbekenntnis vor Gott nicht oftmals selbst getäuscht haben, ob wir nicht vielmehr uns selbst unsere Sünden bekannten und sie uns auch selbst vergaben? Und . . . hat nicht die Kraftlosigkeit unseres christlichen Gehorsams vielleicht eben darin ihren Grund, daß wir aus einer *Selbst*vergebung und nicht aus der wirklichen Vergebung unserer Sünden leben? . . . Wer schafft uns hier Gewißheit, daß wir es im Bekenntnis und in der Vergebung nicht mit uns selbst zu tun haben, sondern mit dem lebendigen Gott? Die Gewißheit schenkt uns Gott durch den Bruder. Der Bruder zerreißt den Kreis der Selbsttäuschung. Wer vor dem Bruder seine Sünde bekennt, der weiß, daß er hier nicht mehr bei sich selbst ist, der erfährt in der Wirklichkeit des anderen die Gegenwart Gottes. Solange ich im Bekenntnis meiner Sünden bei mir selbst bin, bleibt alles im Dunkeln, dem Bruder gegenüber muß die Sünde ans Tageslicht. Weil aber die Sünde einmal doch ans Licht muß, darum ist es besser, es geschieht heute zwischen mir und dem Bruder, als daß es am letzten Tag in der Helle des Jüngsten Gerichtes geschehen muß« (Gemeinsames Leben, S. 80). — Und weiter ebendort: »In der Beichte geschieht der Durchbruch zum Kreuz. Die Wurzel aller Sünde ist der Hochmut. . . . Die Beichte vor dem Bruder ist tiefste Demütigung, sie tut weh, sie macht gering, sie schlägt den Hochmut furchtbar nieder. Vor dem Bruder als Sünder dazustehen, ist kaum zu ertragende Schmach. Im Bekenntnis konkreter Sünden stirbt der alte Mensch unter Schmer-

handeln, in dem sie sich in Jesu Namen beugen unter die eigene Schuld.

b) Sie sind es, die dann auch die Vollmacht empfangen zu *stellvertretender* Beugung. Was darunter zu verstehen ist, sehen wir vorbildlich an der Haltung des Propheten Daniel, der die Sünden seines Volkes als seine eigenen vor Gott bringt (Dan. 9, 3—19). Solche stellvertretende Beugung unter die Schuld der Gesamtheit ist höchste Priesterpflicht und höchstes Priestervorrecht schon im alten Bund gewesen und auch im neuen Bund für das Priestertum aller Gläubigen geblieben! Daniel sagte am Schluß seines ergreifenden priesterlichen Gebetes: »Denn nicht auf Grund der Erweise unserer Gerechtigkeit bringen wir unser Flehen vor Dich, nein, im Vertrauen auf Deine große Barmherzigkeit«; wir aber dürfen sagen: Nicht auf Grund der Erweise unserer Gerechtigkeit, sondern im Namen unseres HErrn *Jesus*, um Seines heiligen Opfers willen! Nach Priesterseelen, die zu stellvertretender Beugung bereit wären, schaute Gott der HErr aus, wenn Er sagte: »Ich habe unter ihnen nach einem Mann gesucht, der eine Mauer aufführen könnte und vor mir für das Land in den Riß treten möchte, damit Ich es nicht zugrunde richte, — aber Ich fand keinen« (Hes. 22, 30). Wer könnte daran zweifeln, daß der HErr auch in unseren Tagen nach solchen Priesterseelen Ausschau hält! Was braucht unser Volk und die Christenheit nötiger als Menschen, die Vollmacht haben und willens sind, sich stellvertretend zu beugen unter die Riesenschuld, die auf Deutschland lastet! Das Blut von 6 Millionen ermordeten Juden schreit gen Himmel, ebenso das Blut der Unzähligen, die in den Konzentrationslagern der Gestapo nicht nur in Deutschland, sondern auch in den während des Krieges von uns Deutschen besetzten Ländern einen qualvollen Tod gestorben sind, dazu viel, viel andere Schuld und Sünde des deutschen Volkes schreit gen Himmel. Wie furchtbar sind die Gerichte des Allerhöchsten darob über unser Vaterland hereingebro-

---

zen einen schmachvollen Tod vor den Augen des Bruders. Weil diese Demütigung so schwer ist, meinen wir immer wieder, der Beichte vor dem Bruder ausweichen zu können. Unsere Augen sind so verblendet, daß sie die Verheißung und Herrlichkeit solcher Erniedrigung nicht mehr sehen« (S. 78 f.).

chen! Was aber hat Gott erreicht durch Seine Heimsuchung? Das deutsche Volk hat sich *nicht* gedemütigt unter Gottes gewaltige Hand, es hat die Beugung abgelehnt, es geht seine eigenen, verderblichen Wege weiter in Selbstrechtfertigung, in Selbstsicherheit, im Hochmut, im Taumel der Genußsucht und Geldgier, als wäre nichts geschehen, — als ob Gott nicht mit uns heilig ernst geredet hätte in Seinem Zorn! Immer wieder wird versucht, Deutschlands Blutschuld einfach aufzurechnen gegen die Schuld der anderen Völker, damit dann befriedigt festgestellt werden kann, daß sie auch nicht besser seien als wir. Welche Blindheit! Als ob es vor dem Angesicht des heiligen Gottes ein solches Aufrechnen gäbe! Darf es uns da wundern, wenn der Bann noch nicht von unserem Volk genommen ist? Noch immer ist Gottes Zorn gegen Deutschland entbrannt, weil keine Beugung zu sehen ist. Aber wenn auch unser Volk sich der Beugung weigert, haben doch die Priester des HErrn die Möglichkeit und den Auftrag, sich stellvertretend zu beugen und vor dem HErrn in den Riß zu treten für ihr unbußfertiges Volk; ebenso aber auch, ja in allererster Linie, für eine unbußfertige Christenheit, die ihrerseits genug Veranlassung hätte, sich zu beugen ob ihrer Lauheit und Verweltlichung, ihres Unglaubens und Ungehorsams, ihres Mangels an Liebe und Hingabe, ihres Richtgeistes und ihrer furchtbaren Zersplitterung. Was für eine riesenhafte Schuld hängt doch seit Jahrhunderten mit dieser Spaltung zusammen: die Verleugnung der Brüder, das Festhalten an Vorurteilen, an Haß und Lieblosigkeit! Wie wird doch dadurch der letzte Wille des HErrn, der sich auf das Einssein der Seinen richtet (Joh. 17, 20—26), ständig mißachtet und mit Füßen getreten! Auch die Spaltung ist ein Bann, der schwer auf uns lastet. Durch bloße Toleranz wird sich an diesem Zustand gar nichts ändern; der HErr erwartet vielmehr, daß wir über die Grenzen der Konfessionen und Denominationen hinweg in Demut einander dienen, in Liebe einander vergeben und uns gegenseitig von Herzen aufnehmen (Röm. 15, 7!), ja in Selbstverleugnung das Leben füreinander lassen. Zur Betätigung solcher Gesinnung gibt Gott uns gar viele Möglichkeiten und Gelegenheiten. Wo aber wäre die Christenheit in ihren verschiedensten Lagern dazu bereit? Statt dessen ist sie angesichts ihres gut funktionierenden Betriebes weithin mit sich selbst zufrieden, und in stolzer Selbstgerechtigkeit denkt sie unbußfertig von sich: »Ich bin reich, ja reich bin ich geworden und bedarf nichts« — und doch muß der erhöhte HErr zu ihr sagen: »Du weißt gar nicht, daß gerade du elend und jämmerlich und arm und blind und bloß bist; Ich rate dir, daß ... du deine Augen salbest mit Augensalbe, damit du sehen kannst ... So sei nun voll Eifer und kehre um!« (Offb. 3, 17—19). Wie weit ist die Christenheit entfernt von solcher Umkehr auf Grund echter Beugung! Deshalb bedarf es auch hier der Priesterseelen, die sich stellvertretend beugen und für die Christenheit in den Riß treten, daß der HErr den Bann wegnehme, sich ihr wieder zuwende und eine geistgewirkte Erweckung, Erneuerung und Heilung für ihren großen Schaden — auch den der Zerrissenheit — schenke.

3. *Im Namen Jesu dürfen wir den Vater bitten.* Davon spricht der HErr besonders in Seinen Abschiedsreden, etwa in Joh. 15, 16: »Nicht ihr habt Mich erwählt, sondern *Ich* habe euch erwählt und euch gesetzt, daß *ihr* hingehet und Frucht bringt und eure Frucht bleibe, damit, was ihr den Vater bitten werdet in Meinem Namen, Er euch gebe.« Oder die in unserem Zusammenhang besonders wichtige Stelle Joh. 16, 24: »Bis jetzt habt ihr noch nichts in Meinem (Jesus-)Namen erbeten; so bittet nun, und ihr werdet empfangen, damit eure Freude vollkommen werde.«

In Jesu Namen bitten heißt zum ersten: »heilige Hände aufheben« (1. Tim. 2, 8) als solche, die ihre Kleider gereinigt haben im Blute des Lammes (Offb. 7, 14c; 1. Joh. 1, 7. 9), durch das allein ihnen überhaupt der Zugang zum Vater eröffnet ist (Eph. 2, 18; 3, 12; Joh. 14, 6) — gibt es doch keinen anderen Namen, durch den wir gerettet werden und in dem wir als Beter zum Thron der Gnade Zugang finden können, als nur den Namen *Jesus* (Apg. 4, 12), nicht der Name Mariens oder irgendeines Heiligen! — In Jesu Namen bitten heißt zum anderen: in Seinem Auftrag bitten, weil Er Seine Jünger zwecks Erfüllung der ihnen gegebenen Sendung dazu aufgerufen hat (Matth. 7, 7a; Joh. 16, 24b); es heißt zum dritten: unsere Bitten müssen inhaltlich Seinem Willen entsprechen (1. Joh. 5, 14: »...wenn wir etwas erbitten Seinem Willen gemäß...«);

es heißt zum vierten: bitten als solche, die um Seines Namens willen allen ihren Schuldigern von Herzen vergeben haben (vgl. Mark. 11, 25; Matth. 6, 12. 14; 18, 21—35!). Gleichzeitig aber bedeutet es: unter Berufung auf Seinen Namen bitten. Ist es nicht ein unvergleichliches Angebot, daß wir uns mit unseren Bitten unter Berufug auf den Namen unseres HErrn *Jesus* an den Vater der Herrlichkeit wenden dürfen in der Gewißheit, daß Er uns Sein Ohr und Herz so zuneigt, wie wenn Sein Sohn selbst es wäre, der da bittet? Und tatsächlich ist es ja so, daß Jesus als unser erhabener Fürsprecher sich persönlich beim Vater für uns verwendet (Röm. 8, 34; 1. Joh. 2, 1b; Hebr. 7, 25). Außerdem will uns ja auch der Heilige Geist beim Beten vertreten mit unaussprechlichem Seufzen (Röm. 8, 26), — ist Er uns doch als »der andere Fürsprecher« verheißen, der nicht nur *bei* uns bleiben, sondern *in* uns wohnen soll (Joh. 14, 16. 17c). Und überdies gilt das Wort Jesu: »Er selbst, der Vater, hat euch lieb!« (Joh. 16, 27a). Das Gebet in Jesu Namen kann aber wie an den Vater so auch an den Sohn gerichtet werden: »Und was ihr in Meinem Namen bitten werdet, das will *Ich* ausführen, damit der Vater im Sohn verherrlicht werde. Wenn ihr *Mich* um etwas bitten werdet, werde *Ich* es ausführen« (Joh. 14, 13 f.). So können die Jünger und Glieder der Gemeinden geradezu als solche bezeichnet werden, »die da anrufen den Namen unseres HErrn *Jesus*, der der Messias ist« (1. Kor. 1, 2d; Apg. 9, 14. 21).

Sollten uns alle diese Verheißungen nicht Ansporn und Ermunterung sein, von diesem Angebot des Bitten-Dürfens in Jesu Namen dankbar und eifrig Gebrauch zu machen? »So laßt uns denn mit Freimut und Freudigkeit, in der Vollmacht (des Namens *Jesus)* und also mit gewisser Zuversicht zum Thron der Gnade[2] hinzutreten, damit wir Barmherzigkeit empfangen und Gnade finden zu rechtzeitiger Hilfe!« (Hebr. 4, 16). Und warum? »Weil wir einen so großen Hohenpriester haben, der die Himmel durchschritten hat, nämlich *Jesus*, den Sohn Gottes!« (Hebr. 4, 14).

---

[2]   Hier sei mit besonderer Empfehlung auf das außerordentlich wertvolle Buch von Markus Hauser *»Am Gnadenthron — Gedanken über das Gebet nebst köstlichen Gebetserhörungen«* (11. Aufl., Hamburg 1954) hingewiesen.

4. Gegenüber den Angriffen der Finsternismächte ist in Jesu Namen der Sieg Gottes zu rühmen. Das ist eine in der Christenheit wenig bekannte und deshalb verhältnismäßig selten wahrgenommene Möglichkeit. Und doch ist es für ein Leben der Heiligung unentbehrlich. Aus diesem Grunde sucht es der Feind so zu verdunkeln. Es ist ihm natürlich viel lieber, wenn wir den Kampf gegen die Sünde mit fleischlichen Waffen führen, d. h. mit unseren guten Vorsätzen und menschlichen Anstrengungen unter Aufbietung aller eigenen Kraft, die wir besitzen. Solange wir uns nämlich in ein solch menschlich-fleischliches Ringen und Kämpfen mit der Sünde einlassen, hat Satan gewonnenes Spiel; er weiß genau, daß wir mit all unserer eigenen Kraft gegen seine Anläufe nichts ausrichten, sondern immer wieder unterliegen müssen. Und die schmerzliche Erfahrung vieler Christen bestätigt es. Der Feind aber ist raffiniert genug, die auf diese Weise gescheiterten Christen aus solcher Erfahrung einen naheliegenden logischen Schluß (lies: Kurzschluß) ziehen zulassen und ihnen einzureden: Es gibt also für euch vor der Sünde kein Entrinnen, ihr bleibt an sie gebunden und müßt ihr auch als Christen noch dienen. Und siehe: die meisten glauben es ihm, finden sich resigniert mit der Sünde ab und bleiben in deren Ketten, d. h. aber: die Heiligung muß für ihr Leben eine Utopie bleiben. Satan hat also erreicht, was er wollte, denn es steht ja geschrieben: ohne Heiligung wird niemand den HErrn sehen! (Hebr. 14, 14b). Demgegenüber ist zu betonen: Der Weg zur Heiligung und zu einem Überwinderleben ist nicht das Ringen und Kämpfen in eigener Kraft, sondern das *Rühmen* des von *Jesus* am Kreuz errungenen *Sieges.* Unser alter Mensch *ist* ja mit Ihm gekreuzigt, damit der Leib der Sünde außer Wirksamkeit gesetzt sei, auf daß wir hinfort der Sünde nicht mehr sklavisch zu dienen brauchen (Röm. 6, 6). So haben wir nun im Glauben damit zu rechnen, daß wir tot sind für die Sünde, lebendig aber für Gott (Röm. 6, 11). Deshalb kann Paulus sagen: »Wenn wir nämlich auch noch im Fleische wandeln, so führen wir doch unseren Kampf nicht nach Fleischesart, denn die Waffen unseres Kampfes sind nicht fleischlich, sondern mächtig durch Gott zur Niederwerfung von (satanischen) Bollwerken, einzureißen logische Vernunftschlüsse und jede Höhe (des stolzen Menschenverstandes), die sich erhebt gegen die Erkenntnis Gottes. und jeden Gedanken gefangenzunehmen für den Christusgehorsam, damit wir bereit seien, allen Ungehorsam zu strafen, wenn nur erst euer Gehorsam zur Vollendung gekommen (vollständig geworden) ist« (2. Kor. 10, 3—6). Welch eine Siegeszuversicht im Namen *Jesu!* Im Rühmen dieses Namens, im Blick auf Jesu Sieg kann Paulus hier von der Möglichkeit vollendeten Gehorsams sprechen, kann er 1. Thess. 5, 23 von Gott für die Erlösten vollkommene Heiligung und untadelige Bewahrung erwarten und Röm. 6, 14. 17. 18. 20. 22 gegenüber der bisherigen Sündenknechtschaft nun für die Mitgekreuzigten und Mitauferstandenen (Röm. 6, 4—6) die Freiheit vom Zwang der Sünde proklamieren.[2a] Ebenso kann der Apostel Petrus für den gesamten Wandel Heiligkeit fordern, weil Gott selbst sie fordert (1. Petr. 1, 15. 16). Ebenso kann Johannes denen, die in Jesus bleiben, zusagen, daß sie nicht sündigen werden[2b] und daß der Arge sie nicht wird antasten dürfen

---

[2a] Wie wenig wagt man in der heutigen Christenheit mit dieser tatsächlichen Befreiung im Ernst zu rechnen! Meistens findet man sich mit der Sünde ab und beruhigt sein Gewissen dann noch mit dem Hinweis auf Röm. 7, als ob Paulus hier das Leben eines Christen hätte beschreiben und die Unentrinnbarkeit der Sünde hätte behaupten wollen. Das Gegenteil aber ist der Fall, wie schon aus Röm. 8, 2 hervorgeht. Vgl. W. *de Boor* z. d. St.: »Das Gesetz des Geistes des Lebens *hat* mich frei gemacht von dem Gesetz der Sünde und des Todes.« Was soll das überhaupt noch heißen, wenn der Christ tatsächlich aus dem Zustand von Röm. 7 nie herauskäme? . . . Röm. 7 redet nun einmal aufs bestimmteste von dem Menschen, der nichts hat als »sich selbst«. Kein Wort von Christus und vom »Sein in Christus«, kein Wort vom Heiligen Geist in dem ganzen Abschnitt! Darum ist Röm. 7 wesenhaft vorchristlich« (S. 175). — Und weiter ebenda: »Röm. 7 handelt eindeutig vom Menschen unter dem Gesetz. Ein solcher Mensch ›unter dem Gesetz‹ ist aber der Christ für Paulus gerade *nicht*« (S. 165 f. Anm. 115). — »Wir wollen das einfache, klare Zeugnis ›Das Gesetz des Geistes *hat* dich freigemacht‹! nicht durch theologische Bedenklichkeiten in das halbe oder ganze Gegenteil umwandeln. Die Theologie ist seltsam groß in solchen Künsten« (de Boor, S. 180).

[2b] Vgl. *de Boor* zu Röm. 6, 5—7: Gibt uns Jesus teil an Seinem Tode und nehmen wir im Glauben dieses Mitgekreuzigtsein mit Jesus an, dann sind alle Ansprüche der Sünde an uns erloschen. Wir »können« wohl noch sündigen, aber wir »müssen« nicht mehr sündigen (S. 147).

(1. Joh. 3, 6; 5, 18c), ja kann er freudig aus seliger Erfahrung bezeugen, daß in der Kraft der in die Herzen ausgegossenen Liebe Gottes das Halten der Gebote nicht mehr schwer sei (1. Joh. 5, 3). Und ebenso kann Judas damit rechnen, daß der lebendige Gott, der unseren HErrn Jesus aus den Toten auferweckt hat, willens und imstande ist, uns »zu bewahren vor jedem Straucheln und uns vor das Angesicht Seiner Herrlichkeit zu stellen mit jubelnder Freude untadelig« (Jud. 24 vgl. 1. Petr. 1, 21; Hebr. 13, 20 f.). Nur so, d. h. auf Grund Seines Kreuzes- und Ostersieges ist es zu verstehen, aber auch wirklich ernst zu nehmen, daß der HErr Jesus selbst Seinen Jüngern in der Bergpredigt sagt, sie sollten vollkommen werden wie der himmlische Vater (Matth. 5, 48), daß Er ihnen ferner verheißen kann: »Wenn euch nun der Sohn (von der Sklaverei der Sünde) frei macht, dann werdet ihr *wirklich* frei sein!« (Joh. 8, 34. 36) und daß Er vom Himmel herab in den sieben Sendschreiben der Offenbarung (2, 7. 11. 17. 26; 3, 5. 12. 21) die großen Verheißungen nur für diejenigen gelten läßt, die aus den Versuchungen und Proben ihres Erdenlebens als *Überwinder* hervorgegangen sind.

Wir wissen freilich alle, daß der Satan es täglich auf uns abgesehen hat und uns einen ernsthaften Kampf aufnötigt; deshalb wäre nichts törichter, als sich in einer falschen Sicherheit zu wiegen, in der man meint, irgendeinen Zustand der Sündlosigkeit erreicht zu haben und der Sphäre des Versuchtwerdens entnommen zu sein. Gerade davor werden wir ausdrücklich gewarnt: »Wer da zu stehen meint, der sehe wohl zu, daß er nicht falle!« (1. Kor. 10, 12). Und wen könnte es unter uns Staubgeborenen geben, der nicht immer wieder mit dem Psalmisten ausrufen müßte: »Wer kann merken, wie oft er fehlt? HErr, vergib mir auch die verborgenen Fehler!« (Ps. 19, 13). Der Sieg ist eben nur dem Glauben verheißen, und es ist eine schmerzliche Tatsache, daß wir in Zeiten der Anfechtung oft gerade nicht auf der Höhe des Glaubens uns befinden; dann aber dürfen wir uns doch des Wortes getrösten: »Sollte aber jemand sündigen, so haben wir einen Fürsprecher beim Vater, *Jesus*, den Messias, den Gerechten; und Er selbst ist ja die Versöhnung für unsere Sünden ...« (1. Joh. 2, 1b. 2a). Nie aber darf es dahin kommen, daß wir uns mit der Sünde abfinden, denn nicht dazu hat der Apostel in den Versen vorher (1, 5—10) so ernst von der Sünde geredet, sondern im Gegenteil: »Meine Kinder, dies schreibe ich euch, damit ihr *nicht* sündigt!« (2, 1a). Alle Apostel haben gegenüber ihren Gemeinden und den einzelnen Gliedern übereinstimmend dasselbe Anliegen wie ihr HErr selber: »Von jetzt ab sündige nicht mehr!« (Joh. 5, 14c; 8, 11c; 1. Kor. 15, 34; 1. Joh. 3, 6. 8). Der HErr will die Seinen befreien von allen Ketten der Sünde und Seinen Sieg in ihrem Leben auf der ganzen Linie aufrichten.

Der Weg zu solchem Siegesleben ist also der, daß wir uns gar nicht erst in das eigene Ringen mit der Sünde einlassen, sondern den Namen des HErrn *Jesus* rühmen, die reinigende Kraft Seines Blutes für uns in Anspruch nehmen (1. Joh. 1, 9), uns gegenüber der Versuchung auf die am Kreuz vollbrachte Erlösung berufen, gegenüber dem Feind und allen Mächten der Finsternis immer wieder den Sieg Jesu ausrufen und an Sein vollgültiges Opfer appellieren. Und wir werden die Erfahrung machen: Satan flieht, wenn er uns am Kreuze sieht! Er muß vor dem Namen *Jesus* unter allen Umständen kapitulieren. Sind doch die gesamten Mächte der Hölle durch Sein Kreuz *entwaffnet* und öffentlich an den Pranger gestellt worden! (Kol. 2, 15). Es kann gar nicht oft und stark genug betont werden, daß der Sieg von Karfreitag und Ostern ein völliger ist. Es kommt aber nun alles darauf an, daß dieser vollbrachte Sieg auch im Leben der Christen jetzt und hier tatsächlich durchbricht und in Kraft tritt; dies aber geschieht durch das Rühmen des Namens »*Jesus*«. Deshalb laßt uns gegenüber der uns so leicht umstrickenden Sünde[3] »*wegblicken auf Jesus*, den Bahnbrecher und Vollender des Glaubens«! (Hebr. 12, 1. 2.) Denn mit dem Schild des Glaubens sind wir fähig, »*alle* feurigen Pfeile des Bösen auszulöschen« (Eph. 6, 16).

So gilt es, gegenüber den Anschlägen, Kriegslisten und Methoden des Teufels »die *volle* Waffenrüstung Gottes« aufzunehmen, anzulegen und zu gebrauchen, damit das Feld allezeit und auch am bösen Tage behauptet werden kann (Eph.

---

[3] Daß sie »uns immer anklebt und träge macht«, steht *nicht* im Text!

6, 11. 13). Gott ist innerhalb der großen Namenchristenheit auf der Suche nach solchen, die so gerüstet Seinen Sieg rühmen und ihn dann auch erfahren, die Seine Herrlichkeit im Geist und in der Wahrheit anbeten; die anderen, die Seinen Namen nur gedankenlos und oberflächlich aussprechen und anrufen, deren Gottesverehrung nichts als vergeblicher Lippendienst ist (Mark. 7, 6b. 7a), gibt es unter den Christen aller Konfessionen mehr als genug, aber die wahrhaftigen Anbeter müssen *gesucht* werden (Joh. 4, 23). Deshalb steht auch geschrieben: »Die Augen des HErrn durchlaufen die ganze Erde, damit Er sich mächtig erweise an denen, deren Herz *ungeteilt* auf Ihn gerichtet ist« (2. Chron. 16, 9). Von ganzem Herzen sich Ihm ergeben, Ihn in Geist und Wahrheit anbeten und Seinen Sieg rühmen — das ist der Weg, auf dem auch unter uns das alte Psalmwort wieder mehr und mehr Wirklichkeit werden kann: »Man singt mit Freuden vom *Sieg* in den Hütten der Gerechten: ›Die Rechte des HErrn — *Jesus* — ist erhöht; die Rechte des HErrn behält den Sieg!‹« (Ps. 116, 15. 16).

III. Handeln in Jesu Namen

1. *In Seinem Namen dürfen wir segnen.* Es ist etwas Großes, daß wir den Namen des HErrn *Jesus* segnend auf Menschen und Häuser und Gemeinden, auf Städte und Dörfer, auf Gebieten und Völker legen dürfen, und zwar in der Gewißheit, daß sich dabei erfüllen wird, was der HErr schon durch Seinen Knecht Mose zu Aaron gesagt hat: »Wenn sie so Meinen Namen auf die Israeliten legen, will *Ich* sie segnen!« (4. Mose 6, 27). Erwarten wir eigentlich solches Handeln Gottes in jedem Gottesdienst, wenn am Schluß im Namen des HErrn der Segen erteilt wird? Die Vollmacht zum Segnen gilt aber mitnichten nur den ordinierten Pastoren, sondern allen, die überhaupt in der Lebensgemeinschaft mit dem Auferstandenen stehen, — sagt doch der HErr Jesus zu allen Seinen Jüngern ohne Einschränkung: »*Segnet*, die euch fluchen; tut wohl denen, die euch hassen, und bittet für die euch Verfolgenden!« (Matth. 5, 44). Und der Apostel Petrus

schreibt den Gemeinden in der Zerstreuung: »Vergeltet nicht Böses mit Bösem noch Schimpfwort mit Schimpfwort; stattdessen aber *segnet*, denn dazu wurdet ihr berufen, damit ihr den Segen ererbet!« (1. Petr. 3, 9). Ebenso auch Paulus: »*Segnet* eure Verfolger, segnet und fluchet nicht!« (Röm. 12, 14) — und: »Werden wir beleidigt, so *segnen* wir, verfolgt, so ertragen wir's, gelästert, so begütigen wir« (1. Kor. 4, 12b. 13). Es ist eine große Berufung, daß wir diejenigen Menschen, die uns fluchen und hassen, schmähen und beschimpfen, denunzieren und verfolgen, in der Vollmacht des Namens Jesu *segnen* dürfen. Wir brauchen uns also im Umgang mit »schwierigen« und gehässigen Menschen nicht mehr in unser Schnekkenhaus zurückzuziehen, brauchen keiner Bitterkeit oder gekränktem Ehrgeiz in unserem Herzen Raum zu geben, sondern dürfen zum Thron der Gnade kommen und sagen: »HErr Jesus, ich lege jetzt Deinen Namen segnend auf diesen Menschen, damit *Du* ihn segnest und ihn löst kraft Deines Blutes und über ihn kommst mit Deiner Macht und Deinem Geist . . «. In solchem Handeln zeigt sich unsere priesterliche Vollmacht.

2. *Es gilt, im Namen Jesu zu dienen, wie Er gedient hat.* Er, der gesagt hat: »So ist der Menschensohn nicht gekommen, um sich dienen zu lassen, sondern um zu dienen« (Matth. 20, 28), war in unserer Mitte »als der Dienende« (Luk. 22, 27c). Und wenn irgendwo, dann gilt hier Sein Wort: »Ein Beispiel habe Ich euch nämlich gegeben, damit auch ihr so handelt, wie Ich an euch gehandelt habe« (Joh. 13, 15). Wer den Weg Jesu von der Krippe bis ans Kreuz überblickt, der muß zu dem Ergebnis kommen: Sein Leben war ein einziges Dienen in Demut und Selbstverleugnung. Daß auch wir in dieser Seiner Gesinnung (Phil. 2, 5) sollen dienen dürfen und *können.* ist eine große Befreiung für Leute, die vorher in einer ganz anderen, gottfremden Dienstbarkeit gestanden haben, — haben wir doch von Natur dem Geschöpf gedient statt dem Schöpfer (Röm. 1, 25), der Sünde und Unreinigkeit statt der Gerechtigkeit (Röm. 6, 6c. 19), dem Mammon (Matth. 6, 24) und in dem allen schließlich dem eigenen Ich (2. Kor. 5, 15). So ist es eine frohe Botschaft, wenn Paulus den Galatern schreibt: »Ihr nämlich, Brüder, *ihr* seid zur Freiheit berufen; nur mißbraucht

die Freiheit nicht als Freibrief für das Fleisch, sondern *dienet einander* — durch die Liebe!« (5, 13). Und damit sind wir schon beim nächsten Punkt:

3. *Im Namen Jesu können wir lieben, wie Er geliebt hat.* Damit ist zusammenfassend der unvergleichliche Auftrag umschrieben, den der HErr für die Seinen hat; denn so hat Er gesagt: »Einen neuen Auftrag gebe Ich euch, daß ihr euch untereinander *so* liebt, wie *Ich* euch geliebt habe« (Joh. 13, 34). Wollen wir vor dieser ungeheuerlichen Forderung kapitulieren und behaupten, als schwacher Mensch könne man nicht so selbstlos und hingegeben lieben wie Jesus? Das wäre eine Verleugnung dessen, was Gott uns durch Pfingsten geschenkt hat. Da ist ja Gottes eigene Liebe, wie sie im Sohn geoffenbart worden war, ausgegossen in die Herzen der Jünger »durch den Heiligen Geist, welcher uns gegeben ist«! (Röm. 5, 5b). Wer also das Geschenk des Heiligen Geistes empfangen und also Pfingsten erlebt hat, besitzt in Jesu Namen die Vollmacht, mit Seiner Liebe jeden Menschen zu lieben, — also nicht nur die ihm sympathischen, sondern auch und gerade die anderen, gegen die sich sonst Abneigung, Ablehnung, Verbitterung, Haß im Herzen regte, — also auch gegen den Feind. Die Aufforderung des HErrn: »Liebet eure Feinde« (Matth. 5, 44) ist dann nicht mehr unzumutbar und unerfüllbar, kein hartes Gesetz, an dem wir zerbrechen, sondern befreiendes Evangelium: ihr dürft eure Feinde lieben, denn ihr könnt es in Jesu Namen kraft Seiner Liebe. So und nicht anders ist auch der brüderliche Rat des Apostels Paulus, wir sollten den hungernden Feind speisen (Röm. 12, 20), zu verstehen. Hier wird vor der Welt offenbar, ob wir wirklich mit Jesus leben oder ob wir nur den Schein eines gottseligen Lebens an uns tragen, aber die Kraft und Vollmacht der Liebe unseres HErrn verleugnen (2. Tim. 3, 5). Diese Liebe ist das einzige untrügliche Kennzeichen der *Ekklesia,* der wahren Gemeinde des HErrn, — nichts anderes. Nicht der Glaube, so unentbehrlich er ist, aber die Dämonen glauben auch — und zittern! (Jak. 2, 19b); nicht die reine Lehre des Wortes Gottes, so wichtig sie ist, aber sie kann zum tötenden Buchstaben werden (2. Kor. 3, 6); nicht die stiftungsgemäße Verwaltung der Sakramente, so notwendig sie ist, aber »Gott kann sich

aus ihnen so herauslösen, daß ihr nur die Hülsen nachbehaltet« (Luther) — gar nichts ist eindeutig, nur die göttliche Liebe, die Liebe des Christus, wo sie uns beherrscht und die Triebkraft unseres Lebens geworden ist (2. Kor. 5, 14). Deshalb sagt der HErr: »*Daran* werden sie alle (!) erkennen, ob ihr Meine Jünger seid!« (Joh. 13, 35). Und Paulus betont es ausdrücklich — ist sich also darin mit dem Apostel Jakobus völlig einig —, daß vor den Augen des HErrn ein Glaube nur dann als echt gilt, wenn er sich »in der Liebe wirksam« erweist (Gal. 5, 6); jeder andere sogenannte Glaube ist in sich selber *tot!* (Jak. 2, 17). Auf den Erweis dieser Liebe wartet die Welt, nach der Kraft dieser Liebe hungern so viele Menschen, und die Betätigung dieser Liebe verlangt der HErr von denen, die sich nach Ihm nennen. Dies ist auch der alleinige Maßstab, der vor Ihm gilt und mit dem unser christliches Leben gemessen werden wird (1. Kor. 13, 1—3; Matth. 25, 35 bis 46). Auf der Betätigung dieser Liebe ruht Gottes ganze Verheißung. Ein Beispiel für solche Betätigung sei aus dem Mund des HErrn angeführt: »Wer ein einziges von solchen Kindern auf Meinen Namen hin (= um Meines Namens willen) aufnimmt, der nimmt *Mich* auf . . .« (Mark. 9, 37a). Was wir also um Seines Namens willen, d. h. aus Liebe zu Ihm, unserem HErrn *Jesus,* andern an Barmherzigkeit erweisen, das bezieht Er auf sich selber: »Wahrlich Ich sage euch: insofern als ihr es getan habt einem dieser Meiner geringsten Brüder, habt ihr es *Mir* getan« (Matth. 25, 40). So wollen wir angesichts aller Lieblosigkeit, Kälte und Selbstsucht unter den Christen inmitten einer haßerfüllten Welt den Ruf des Apostels Johannes aufnehmen: »*Wir,* wir wollen lieben, denn Er selbst hat uns zuerst geliebt!« (1. Joh. 4, 19). Wir wollen die Liebe, von der wir leben, liebend an andere weitergeben.

4. *Es gilt, im Namen Jesu sich selbst und die Welt zu verleugnen.* Hier ist wichtig, was der HErr sagt in Matth. 19, 29: »Und jeder, der Häuser oder Geschwister oder Eltern oder Kinder oder Äcker verläßt um Meines Namens — Jesus — willen, hundertfältig wird er es erhalten und ewiges Leben ererben« = Mark. 10, 29: »Wahrlich Ich sage euch: es gibt keinen, der da verläßt Haus oder Geschwister oder Eltern oder Felder um Meinet- und des Evangeliums willen, ohne daß er

nicht empfange hundertfältig jetzt schon in dieser Zeit Häuser und Geschwister und Mütter und Kinder und Felder mitten unter Verfolgungen, und dazu noch im kommenden Zeitalter ewiges Leben.« Dazu noch das Wort des HErrn aus Luk. 14, 26: »Wenn jemand zu Mir kommt und haßt nicht Eltern und Weib und Kinder und Geschwister, dazu *sein eigenes Leben*, so kann er nicht Mein Jünger sein.« Zu diesem Wort hat Fritz Binde einmal gesagt: Wie aussichtslos, diesem unerbittlichen, heiligen »kann nicht« entfliehen zu wollen! Wer hier dauernd zu entfliehen sucht, wird nie das Angesicht Jesu schauen. — Wir brauchen aber auch nicht zu entfliehen, denn in *Jesus* bekommen wir Vollmacht, uns selbst und die Welt tatsächlich zu verleugnen, durch Ihn werden wir gelöst von allem, so daß uns nichts mehr gefangennehmen noch gefangenhalten kann, woran wir vorher gehangen haben. Durch *Jesus* können wir alles hingeben wie Zachäus, der auf die Begegnung mit Ihm hin sagen konnte: die Hälfte meiner Habe gebe ich den Armen — und wie war er doch vorher ein Sklave des Mammons! So werden aus solchen, die Sklaven ihrer Lüste und Leidenschaften gewesen waren, im Namen des HErrn *Jesus* befreite Leute.

5. *Im Namen Jesu dürfen Seine Jünger sich zusammenfinden* und dabei Seine besondere Gegenwart erfahren. Gewiß will der erhöhte HErr bis zur Vollendung dieses Äons immer und überall bei denen sein, die Ihm angehören (Matth. 28, 20b), gewiß wandelt Er allezeit inmitten Seiner Gemeinde (Offb. 2, 1), — und doch hat Er darüber hinaus noch die besondere Verheißung gegeben: »Wo zwei oder drei versammelt sind auf Meinen (Jesus-) Namen hin, dort bin Ich in der Mitte« (Matth. 18, 20). Das gilt also nicht nur für Versammlungen und Gottesdienste, soweit es den Versammelten nicht um ihre eigene Ehre und auch nicht nur um die Erfüllung religiöser Pflichten oder um die Beibehaltung frommer Gewohnheiten geht, sondern wirklich um den Namen des HErrn *Jesus*, daß Er zu Seinem Recht kommt, — vielmehr auch buchstäblich gerade für die Zwei oder Drei, wo sie sich treffen im Namen ihres geliebten HErrn und Meisters, sei es zum gemeinsamen Lesen Seines Wortes oder zum Austausch ihrer Erfahrungen mit Ihm oder zum vereinten Lobpreis Seines Na-

mens und zum einmütigen Gebet (Matth. 18, 19) — oder zu all dem Genannten gleichzeitig. Nach dem Zeugnis der Apostelgeschichte haben sich in der Urgemeinde zu Jerusalem tatsächlich die Brüder und Schwestern immer wieder so zusammengefunden »hin und her in den Häusern« (Apg. 2, 46), ja »sie hielten treulich und beharrlich fest an der Apostel Lehre und an der (brüderlichen) *Gemeinschaft*, am Brotbrechen und an den (gemeinsamen) Gebeten« (Apg. 2, 42), und sie wußten wohl, warum sie es taten: der HErr offenbarte in solchen Stunden in besonderer Weise Seine Gegenwart in ihrer Mitte. Wie arm ist doch die Kirche geworden, daß sie den Segen solcher — inoffizieller — Zusammenkünfte der Zwei oder Drei seit Jahrhunderten weithin verloren hat! Hier gebührt dem Pietismus das geschichtliche Verdienst, solche Betätigung der »Gemeinschaft der Heiligen« wiedererweckt zu haben. Und mit großem Dank gegen Gott sei festgestellt, daß in der Gegenwart auch in der Kirche in vielen erweckten Gemeinden durch die Einrichtung sogen. Hausbibelkreise solche Zusammenkünfte hin und her in den Häusern wieder üblich geworden sind und der HErr sich entsprechend Seiner Zusage je und dann sichtlich dazu bekannt hat. In der Urgemeinde geschah es bei solcher Gelegenheit, daß durch die Gegenwart des HErrn *Jesus* die Stätte sich bewegte, wo sie versammelt waren (Apg. 4, 31a); was dabei aber noch wichtiger war, geschieht auch heute noch, wo zwei oder drei vereinigt sind auf den Namen ihres gemeinsamen HErrn *Jesus* hin: sie werden neu mit dem Heiligen Geist erfüllt und können dann das Wort ihres HErrn mit um so größerer Kühnheit und Furchtlosigkeit, Vollmacht und Siegesgewißheit *(parrhesia!)* weitersagen (Apg. 4, 31b. c).

Wovon bisher unter III, 1—5 die Rede war, bezog sich auf jenes Handeln in Jesu Namen, zu dem *alle* berufen sind, die der HErr als Glieder Seinem Leibe eingefügt hat. Was nun folgt, ist dasjenige Handeln in Jesu Namen, das nach dem Neuen Testament zwar nicht irgendeinem »Amt« vorbehalten ist, das sich aber doch auch nicht jeder anmaßen kann, sondern zu dessen Ausübung in besonderer Weise Berufung und Auftrag vorliegen muß, entsprechend den verschiedenen Dienstfunktionen und Gaben, die das erhöhte Haupt den ein-

zelnen Gliedern Seines Leibes zugewiesen hat (Eph. 4,
11—16). Gilt doch für die Gemeinde der Erlösten der Grundsatz: »Einem jeden von uns aber ist die Gnade nach dem
Maße der Gabe verliehen worden, wie sie der Messias ihm
zugeteilt hat« (Eph. 4, 7) — »es gibt aber Verschiedenheiten
in der Zuteilung von Gnadengaben, doch nur den Einen Geist;
und es gibt Verschiedenheiten in der Zuteilung von Dienst-
leistungen, doch nur den Einen HErrn; und es gibt Verschiedenheiten in der Zuteilung von Kraftwirkungen, doch nur den
Einen Gott, der das alles (nämlich diese Gaben) in allen (Gliedern) wirkt« (1. Kor. 12, 4 f.). Ja, »das alles aber wirkt ein
und derselbe Geist, indem Er jedem eine besondere Gabe so
zuteilt, wie *Er* will« (V. 11). Dementsprechend vollzieht sich
in der Gemeinde des HErrn noch folgendes Handeln:

6. *Im Namen Jesu ist dem unter der Last seiner Sünde ge-*
beugten Bruder die Vergebung zuzusprechen. So sagte es
Petrus in seiner Botschaft an das Haus des Cornelius in Cäsarea: »Von diesem (nämlich dem Messias) legen alle Propheten das Zeugnis ab, daß jeder, der sich Ihm anvertraut,
durch Seinen Namen — *Jesus* — Vergebung der Sünden empfängt« (Apg. 10, 43; vgl. 1. Joh. 2, 12!). Ist das nicht für einen Seelsorger je und je das Heiligste, was er im Dienst seines Meisters überhaupt erleben kann, wenn ein Sünder seine
Schuld beim Namen genannt und unter das Kreuz gebracht
hat, und ihm dann gesagt werden darf: »Im Namen des HErrn
Jesus, der auch für dich geblutet hat, sind dir deine Sünden
vergeben!«? Dann erfüllt sich, was der HErr zu Seinen Jüngern gesagt hat: »So ihr irgendwelchen die Sünden erlaßt,
denen *sind* sie erlassen« (Joh. 20, 23). Aber auch diese Vollmacht ist nicht den Priestern und Pastoren vorbehalten, sondern allen zugedacht, die lebendige Glieder am Leib des Christus sind, wobei allerdings nicht zu übersehen ist, daß hier
keinesfalls von jedem willkürlich, sondern nur unter Leitung
des Heiligen Geistes gehandelt werden darf. Auf der anderen
Seite ist es ja sehr die Frage, ob die allgemeine Absolution,
wie sie nach der üblichen sogen. »allgemeinen Beichte« von
unseren Altären aus erteilt wird, dem entspricht, was der
HErr gemeint hat und haben wollte. Ist nicht ernsthaft zu
fragen, ob von dieser Institution unserer Kirche nicht im gan-

zen mehr Fluch als Segen ausgegangen ist, indem dadurch die Durchschnitts-Christen, die von Beugung, Reue und Umkehr weit entfernt sind, sich in ihrer fleischlichen Selbstsicherheit nur noch bestärkt fühlen, anstatt aus ihrem Sündenschlaf aufgeweckt zu werden? Jedenfalls ist es auffällig, daß Jesus selbst nach dem Bericht der Evangelien niemals eine Pauschalabsolution erteilt hat; keine Stelle gibt es im Neuen Testament, wo der HErr zu einer Versammlung gesagt hätte: »Euch sind eure Sünden vergeben.« Es war vielmehr immer der einzelne, dem der HErr das lösende Wort zusprach: »*Dir* sind deine Sünden vergeben« — »*Dein* Glaube hat dich gerettet: Gehe hin in Frieden.«

7. *Im Namen Jesu sind die von Satan Gebundenen zu lösen.* Das hängt mit dem Vorhergehenden eng zusammen, greift aber doch noch tiefer. Wohl sind wir in gewisser Hinsicht alle gebunden durch die Sünde, alle unter der Herrschaft des Fürsten dieser Welt, weshalb ja der HErr zu Saulus auch gesagt hat: »Zu ihnen sende Ich dich, um ihre Augen aufzutun, daß sie umkehren aus der Finsternis ins Licht und aus der *Gewalt Satans* zu Gott . . .« (Apg. 26, 18). Alle sind wir abgefallen, alle unter die Sünde verkauft, alle sind wir Gebundene des Feindes. Und doch gibt es noch besonders Gebundene: ich meine diejenigen, die durch Zaubereisünden[1] die Hilfe des Fürsten der Finsternis in Anspruch genommen, ihm dadurch besondere Rechte auf ihr Leben eingeräumt haben und auf diese Weise unter seinen zwingenden *Bann* geraten sind. Solcher Bann kann nicht nur über einzelne Menschen, sondern auch auf Familien, Häuser, Ortschaften und ganze Gebiete kommen. Zur Aufhebung solchen Bannes bedarf es der Vollmacht des Lösens in Jesu Namen. Satan, der Starke, wird seine Stellungen nicht aufgeben, es sei denn, daß Jesus selbst als der Stärkere durch Seine bevollmächtigten Werkzeuge ihm entgegentritt. Allerdings wird der Feind seine Po-

---

[1] Zauberei treibt, wer das Besprechen übt oder in seinem Haus bzw. Stall besprechen läßt, wer die Karten legt oder sie sich legen läßt, wer wahrsagt oder sich wahrsagen läßt, wer das Horoskop stellt oder sich stellen läßt, wer die Toten befragt oder befragen läßt, wer sich am Pendeln beteiligt oder sich mit dem sogen. 6. und 7. Buch Moses einläßt, um nur einige Beispiele zu nennen.

sitionen so lange behaupten, bis der von ihm Gebundene seine Zaubereisünden durch offenes Bekennen ans Licht gebracht und sich von ihm losgesagt hat. Ist die persönliche Beichte auch im allgemeinen keine Notwendigkeit, sondern nur eine Erlaubnis, eine Hilfe, die Gott uns anbietet (Matth. 3, 6b; Apg. 19, 18; Luk. 19, 8; Ps. 32, 5), ein Schritt der freiwilligen Demütigung, der der HErr ja ausdrücklich Seine Gnade verheißen hat (1. Petr. 5, 5b), so ist sie jedenfalls dort, wo auf Grund von Zaubereisünden ein Bann vorliegt, die unausweichliche Voraussetzung für das Freiwerden. Wenn aber diese Bedingung erfüllt ist, darf in der Vollmacht des Auferstandenen und unter der Deckung Seines Blutes an dem Gebundenen gehandelt werden: dem Feind wird unter Berufung auf die am Kreuz vollbrachte Erlösung sein bisheriges Anrecht an dem von ihm so lange gequälten Menschen bestritten und im Namen des HErrn *Jesus* die Lösung vollzogen. So erfüllt sich die Verheißung des HErrn: »Wahrlich Ich sage euch, was ihr auf Erden binden werdet, soll auch im Himmel gebunden sein, und was ihr auf Erden lösen werdet, soll auch im Himmel *gelöst* sein!« (Matth. 18, 18). — Freilich gilt es, in dieser Sache behutsam, sehr überlegt und nur unter Geistesleitung vorzugehen, nach Möglichkeit auch nicht allein zu handeln, sondern unter Hinzuziehung von Brüdern. Die Spezialfestungen Satans anzugreifen, ist eine ernste und unter Umständen gefährliche Angelegenheit. Es sei in diesem Zusammenhang nochmals an die Erfahrung der Söhne des Skevas erinnert (Apg. 19, 13—16).

8. *Es gilt, zu taufen »in den Namen des HErrn Jesus hinein«* (Apg. 19, 5; 2, 38; 8, 16; 10, 48). Was die neutestamentliche Taufe bedeutet, ist am deutlichsten aus Röm. 6, 3—11 zu entnehmen: Indem der Taufbewerber, dem beim Hören des Wortes das Herz aufgetan worden war und der sich daraufhin zu dem Bekenntnis entschlossen hat: »Mein HErr ist von jetzt an *Jesus«*, ganz unter Wasser getaucht wird, wird er »in den Messias Jesus hinein getauft«, d. h. in Seinen Tod hinein (V. 3). So bekommt der Täufling Anteil an der Sühnekraft und Erlösungsmacht dieses Todes, gleichzeitig aber auch am Sieg der Auferstehung, denn: »dazu sind wir nun begraben worden durch die Taufe in Seinen Tod hinein

daß so, wie der Messias auferweckt worden ist aus den Toten durch die Siegesgewalt des Vaters, nun auch wir selber in Lebensneuheit wandeln« (V. 4). In dem Maße also, wie wir einwilligen in den Tod unseres Ich (Gal. 2, 19b. 20; Luk. 14, 33; Joh. 12, 24. 25b.), erfahren wir die erlösende Wirkung des Opfertodes Jesu; wie wir uns hineinnehmen lassen in Sein Sterben, nimmt Er uns mit hinein in den Sieg und die Kraftwirkungen Seiner Auferstehung jetzt und hier schon; so empfangen wir das neue Leben, nämlich Sein Leben in uns. Durch die neutestamentliche Taufe bewirkt also der Vater kraft Seines Geistes[2] das Herausgerettetwerden aus dem Machtbereich der Finsternis und die Versetzung unter die Königsherrschaft des Sohnes Seiner Liebe (Kol. 1, 13). Dadurch, daß die Taufe

---

[2]   Bei Anwendung dieser Wahrheit auf unsere heutigen Verhältnisse ist freilich zu beachten, was Ralf *Luther* betont: »Die Taufe ist *nur* so weit *Geistes*mitteilung, *als die Gemeinde selbst den Geist hat.* Nur insofern kann die Gemeinde durch die Taufe Menschen in Berührung mit Christus bringen, als ihr eigenes Leben sich mit Christus berührt. Wo die Gemeinde selbst auf der ganzen Linie die Nähe Christi verloren hat, kann sie auch nicht mehr in den Namen Christi taufen (d. h. in persönlichen Kontakt mit Christus bringen); und die Worte: ›Ich taufe dich in den Namen . . .‹ werden zur *leeren Formel.* Wenn von der Predigt und dem ganzen übrigen Wirken der Gemeinde kein Geist ausgeht, kann auch von der Taufe keiner ausgehen. *Gottes Geist läßt sich nicht einfangen* in kirchliche Handlungen, die nach dem Gesetz der Beharrung durch die Jahrhunderte fortgesetzt werden. Und gerade *die Taufe,* sowohl die Johannestaufe als die der Apostel, bedeutet das endgültige Begraben der Vorstellung, als könnte irgendeine kirchliche Einrichtung als solche die Gegenwart Gottes bei der Gemeinde festhalten. ›Gott kann sich so aus Seinem Wort und Sakrament herausschälen, daß ihr nur die Hülsen nachbehaltet‹ (Luther). Es ist weder mit Dogmen noch mit Grundsätzen auszumachen, was die Taufe gibt. Die Taufe gibt gerade so viel, wie Christus überhaupt der Gemeinde gibt, d. h. wieviel Er einer bestimmten Gemeinde oder einem bestimmten Hause zu einer bestimmten Zeit gibt.« (Neutestamentl. Wörterbuch, S. 178 f.) — »Die Vorstellung, als ob eine Gemeinde, der auf der ganzen Linie der Beweis des Geistes und der Kraft fehlt, in irgendeiner einzelnen Handlung gleichsam wie in einem Behälter den Geist haben könnte, hat mit dem Neuen Testament nichts zu tun. Wann und wo der Geist wirkt, kann *nicht* ein für allemal dogmatisch festgestellt werden oder *durch kirchliche Einrichtungen gesichert werden.* Der Geist weht, wo Er will.« (S. 215 f.) — Bei dem Gesagten geht es nicht um eine Entwertung der Taufe, sondern vielmehr gerade um deren echte Verwirklichung.

»im Namen des HErrn Jesus« bzw. des Dreieinigen Gottes geschieht, soll deutlich gemacht werden, daß der eigentlich Handelnde in der Taufe kein andrer ist als Der, in dessen Namen die Taufe vollzogen wird.

9. *Es gilt, im Namen Jesu die Hände aufzulegen.* Davon spricht das Neue Testament an verschiedenen Stellen und in verschiedenen Zusammenhängen. In jedem Fall soll dadurch der Segen und die Kraft Gottes vermittelt werden. Der HErr Jesus legte den Kindern die Hände auf, um sie zu segnen (Mark. 10, 16). Bei Aussonderung und Einsetzung zu einem Dienst in der Gemeinde des HErrn wurden unter Gebet die Hände aufgelegt, so in Jerusalem bei den ersten Diakonen (Apg. 6, 6), in Antiochien bei Paulus und Barnabas (Apg. 13, 3) und später auch bei Timotheus (1. Tim. 4, 14). Mehrfach aber erfolgt die Handauflegung auch zum Zweck des erstmaligen Empfangs des Heiligen Geistes, so durch die Apostel Petrus und Johannes in Samarien (Apg. 8, 17), so durch Ananias in Damaskus (Apg. 9, 17), so auch durch Paulus bei jenen 12 frommen Männern in Ephesus, die zwar gläubig waren, aber den Heiligen Geist trotzdem noch nicht empfangen hatten (Apg. 19, 6) — wie häufig sind in der heutigen Christenheit solche Gläubige, denen der Heilige Geist noch fehlt! —: in jedem dieser aus der Apostelgeschichte angeführten Fälle hat der HErr durch die Handauflegung Seiner Boten den Heiligen Geist so mitgeteilt, daß die erfolgte Mitteilung sofort eindeutig festgestellt werden konnte. Haben wir nicht allen Grund, uns zu fragen, was Gott uns durch diese Berichte heute in unserer geistesarmen Zeit zu sagen hat? Jedenfalls aber gilt es auch auf diesem Gebiet, zurückhaltend zu sein und niemandem die Hände übereilt aufzulegen (1. Tim. 5, 22).

Im übrigen gibt es das Auflegen der Hände auch noch zu einem anderen besonderen Zweck, nämlich dem der Krankenheilung.

10. *Im Namen Jesu sind die Kranken zu heilen.* Wie oft heißt es doch in den Evangelien, daß der HErr den Kranken die Hände auflegte und sie von allen ihren Gebrechen befreite, welcher Art sie auch immer gewesen sein mögen! Er tat dies nicht nur aus Mitleid, um den Kranken ihre Schmerzen und Plagen abzunehmen, die Er ja auch für sie ans Kreuz

hinaufgetragen hatte (Jes. 53, 4; Matth. 8, 16. 17), sondern um dadurch die Werke des Teufels zu zerstören und der Königsherrschaft Gottes Bahn zu machen; so sagte Petrus in Cäsarea vom HErrn: ». . . und Er heilte alle, die vom Teufel unterdrückt waren, denn Gott war mit Ihm« (Apg. 10, 38).[2a] Da Jesus die Fortführung Seines Werkes und Auftrages den Jüngern übertragen hat, war es klar, daß Er ihnen auch zum Heilen der Kranken Befehl, Vollmacht und Verheißung mitgab (vgl. Matth. 10, 1. 8; Luk. 9, 1. 2; Mark. 16, 18c). Die Jünger aber haben in Jesu Namen diesen Auftrag treulich ausgeführt und die Kraft Seiner Verheißung je und je erfahren, wie die Berichte der Evangelien (Mark. 16, 20; Luk. 9, 6) und der Apostelgeschichte (viele Stellen!) ausweisen. Durch Jakobus aber hat der HErr diese Aufgabe Seiner Boten an den Kranken auch für die späteren Generationen noch einmal ausdrücklich bestätigt und erneuert (Jak. 5, 14 f.). Es kann also nach dem Neuen Testament nicht zweifelhaft sein: Der göttliche

---

[2a] »Jesus und die Kranken, Verkündigen und Heilen, das gehört untrennbar zusammen. Darum steht auch das ›Macht die Kranken gesund!‹ unmittelbar neben dem ›Geht hin und heroldet!‹ (Matth. 10, 7—8; Mark. 16, 15—18; Luk. 10,9). Und zu dem Bild apostolischer Wirksamkeit gehört mächtig auch das Heilen und Helfen in Jesu Namen. Jesus selbst ist es, der mit der Macht Seines Namens durch Seine Boten auch heute noch heilt, wie Er einst in Galiläa heilte . . . Jesus selbst — das ist nicht nur Vergebung der Sünden, sondern auch Heilung von Krankheiten« (W. de Boor, Das ist Jesus. Wuppertal 1963. S. 86). — Und weiter ebenda: »Der Mensch sollte nicht krank sein, nicht gelähmt, nicht blind, nicht taubstumm, nicht verkrümmt; er sollte gesund, stark, leistungsfähig in seinen Aufgaben stehen. Wenn die Schwiegermutter des Petrus an Fieber darnieder liegt, kann sie Jesus und Seinen Jüngern nicht dienen (Matth. 8, 14—15). Darum finden wir im ganzen Neuen Testament nicht ein einziges Wort vom ›Segen der Krankheit‹. Nicht ein einziges Mal hat Jesus selber einem Kranken gesagt: ›Bleibe du nur krank, es ist für dich ein Segen, daß Mein Vater dir diese Krankheit gesendet hat.‹ Auch aus Apostelmund hören wir nie ein ähnliches Wort. Wenn es bei uns anders ist, wenn wir so viel vom ›Segen der Krankheit‹ reden, . . . machen wir dann nicht aus der Not einfach eine Tugend? Weil wir ohnmächtig vor der Krankheit kapitulieren, trösten wir uns schnell damit, sie sei etwas Gutes und Nützliches für uns. Die Unwahrheit in dieser unserer Haltung wird daran sehr deutlich sichtbar, daß wir zugleich alles aufbieten, diesen ›Segen‹ möglichst schnell loszuwerden!« (S. 87.)

Befehl liegt vor, und die dazu nötige Gabe ist verheißen. Nun liegt es an der Gemeinde, den Befehl des HErrn auszuführen und Seine Gabe zu betätigen, damit Seine Ehre groß werde.[2b]

Wie ernst man in der Urgemeinde dieses Anliegen, daß der HErr Jesus auch durch Wunderheilungen Seinen Namen verherrlichen möchte, genommen hat, zeigt jenes denkwürdige Gebet, das an den HErrn Himmels und der Erde gerichtet wurde, als die Apostel vom Verhör beim Hohen Rat zurückkamen, in dessen Verlauf ihnen geboten worden war, »ganz und gar nichts mehr unter Nennung des Namens *Jesus* verlauten zu lassen noch zu lehren« (Apg. 4, 18). Da beten sie: ». . . und jetzt, HErr, blicke hin auf ihre Drohungen, und gib Deinen Knechten mit allem Freimut Dein Wort zu sagen! Strecke Deine Hand dabei zu Heilungen aus und *laß Zeichen und Wunder geschehen durch den Namen Deines heiligen Knechtes Jesus!*« (V. 29. 30). Wie wohlgefällig dieses Gebet dem himmlischen Vater gewesen sein muß, ist daraus zu ersehen, daß Er augenblicklich geantwortet und der versammelten Schar ein neues, vermehrtes Maß Seines Heiligen Geistes gesandt hat (V. 31). So wartet der HErr ohne Zweifel darauf, daß Seine Gemeinde auch in unseren Tagen wieder anfängt, *so* zu beten, damit von neuem Zeichen und Wunder geschehen zur Ehre Seines Namens, zur Erleichterung der vom Teufel oft übel geplagten Kranken und zur Ausbreitung der Königsherrschaft Gottes auf Erden.

11. *Im Namen Jesu ist den Dämonen zu gebieten, daß sie ausfahren.* Wie fern liegt doch in der heutigen Christenheit den meisten diese Sache! Und doch ist es der HErr selber, der Seinen Jüngern die »Vollmacht über alle Dämonen« anvertraut (Luk. 9, 1; Matth. 10, 1), den Befehl: »Treibt die Dämonen aus!« erteilt (Matth. 10, 8) und außerdem die bestimmte Zusicherung mit auf ihren Weg gegeben hat: »In Meinem (Jesus-)Namen werden sie Dämonen austreiben« (Mark. 16, 17).[2c] Wer sind wir, daß wir alle diese klaren Wor-

---

[2b] Vgl. dazu Rev. Larry Christenson, Der Dienst der Krankenheilung in der Kirche: Möglichkeit oder Verpflichtung? (Marburg 1964)!

[2c] Vgl. dazu W. *de Boor*, Das ist Jesus, S. 91: »Jesus selbst, das ist der, vor dessen Machtwort die unsauberen Geister weichen, in

te unseres HErrn einfach unter den Tisch fallen lassen — nur, weil sie uns unbequem, ja eine Anklage gegen uns sind?! Wie viele Besessene laufen herum, wie viele vom Teufel in der übelsten Weise Gequälte fristen in den Anstalten ihr elendes Dasein — ohne Hilfe und ohne Hoffnung, nur weil die Gemeinde des HErrn ihren eigentlichen Auftrag an ihnen versäumt und ihre göttliche Vollmacht eingebüßt hat! Wie bleibt der Sieg unseres HErrn *Jesus* verborgen, die Kraft Seines Namens unwirksam, Sein starker Arm gelähmt und die Ausbreitung Seiner Herrschaft gehemmt, nur weil die berufenen Boten des Evangeliums die Befehle ihres HErrn nicht ausführen und Ihm durch ihren Unglauben im Wege stehen! Wir können und dürfen einfach nicht länger den Befehl des HErrn zur Dämonenaustreibung beiseite schieben und stillschweigend ignorieren.[3] Das vollmächtige Handeln in Jesu Namen gegenüber den Dämonen ist keine nebensächliche oder untergeordnete Angelegenheit, sondern ein wesentlicher Bestandteil unseres Auftrages und unserer Vollmacht, wie es auch im

---

dessen lichter Gegenwart darum gequälte Menschen aufatmen und Gebundene frei werden. Der Jünger Johannes hat es später programmatisch zusammengefaßt: ›Dazu ist erschienen der Sohn Gottes, daß Er die Werke des Teufels zerstöre‹ (1. Joh. 3, 8). Wieder gehört darum auch bei den Jüngern das Austreiben finsterer Mächte genauso wie das Heilen von Kranken zum ausdrücklichen Auftrag und zu ihrer Ermächtigung als Boten Jesu (Matth. 10, 8; Mark. 16, 17; Luk. 10, 17—20).«

[3]   Auch der holländischen Evangelistin Corrie ten *Boom* ist bei ihrem weltweiten Dienst dieser Befehl des HErrn entscheidend wichtig geworden. Sie glaubt nicht, eine besondere Gabe zur Dämonenaustreibung zu haben, und doch weicht sie bei der Begegnung mit Besessenen dem Kampf mit den bösen Geistern nicht aus, sondern nimmt ihn im Namen des HErrn *Jesus* unerschrocken, vertrauensvoll, ja Seines Sieges gewiß auf und handelt befehlsgemäß auf Grund von Mark. 16, 17; der HErr aber *wirkt* mit und bestätigt ihr Wort durch mitfolgende Zeichen (Mark. 16, 20b). Weil sie in allen Erdteilen so oft mit Dämonen zu tun hat und dabei immer wieder auf ein großes Versagen der Kirchen auf diesem Gebiet stößt, hat sie schließlich darüber eine besondere Schrift »Defeated Enemies« geschrieben, die inzwischen auch in deutscher Übersetzung unter dem Titel »Besiegte Feinde« im Verlag Sonne und Schild Wuppertal erschienen ist.

Leben des HErrn etwas sehr Entscheidendes gewesen ist.[3a] Was wollen wir denn überhaupt in einer so dämonenerfüllten Zeit und Welt wie der unsrigen anfangen und ausrichten ohne diese Vollmacht?! Geschlagene Leute sind wir, bevor wir nur den Kampf aufnehmen![4] Es ist höchste Zeit, daß wir beginnen, uns darüber zu beugen, daß wir diese Vollmacht so wenig besitzen, ja nicht einmal ernstlich gesucht und erfleht haben. Es warten viele darauf, von ihren Dämonen befreit zu werden. Wer aber soll sie denn befreien, wenn nicht die Boten Jesu? Die Zauberer vielleicht? Oft werden sie dazu geholt und bringen auch etwas zuwege, nur daß danach um so schlimmere Dämonen sich breit machen. Wie soll die Befreiung geschehen, wenn nicht durch die Kraft des Namens Jesu?[4a] Der HErr jedenfalls hat dieses Austreiben der Dämonen für etwas so Wesentliches in Seinem ganzen Wirken angese-

[3a] »Wir können nicht unser Denken und unsern Erfahrungskreis für maßgebend halten und danach das Neue Testament beurteilen. Wir müssen vielmehr von den Tatsachenberichten der Bibel her uns in Frage stellen lassen. Vielleicht sind wir nur so naiv und so blind, daß wir die Mächte nicht erkennen können, die vor den Augen Jesu und Seiner Jünger deutlich sichtbar waren . . . Wir hätten als moderne Menschen in jener ›wahrsagenden Sklavin‹ in Philippi (Apg. 16, 16b) ein geisteskrankes Mädchen und in jenem ›mondsüchtigen Knaben‹ von Matth. 17, 14 einen Epileptiker gesehen und beide dementsprechend behandelt. Ob das aber geholfen hätte? Hier aber erfolgt die Befreiung durch ein einziges kurzes Machtwort an die dämonischen Gewalten. Also *waren* hier ›Mächte‹ am Werk, denen der Inhaber größerer Macht befehlen konnte . . .« *(de Boor*, Das ist Jesus, S. 91 f.)

[4] Corrie ten *Boom* fragte einmal in Deutschland einen berühmten Theologie-Professor: »Lehren Sie eigentlich Ihre Studenten das Auswerfen der Dämonen?« »Schwerlich«, so lautete die Antwort, »ich kann es ja selbst nicht!« Da sagte sie: »Aber Sie wagen es, Ihre Studenten in die Gemeinden zu schicken, die so mit Finsternismächten erfüllt sind? Denken Sie vielleicht, ihre Kenntnisse über die Quellenscheidung der Genesis in Jahwist und Elohist werden ihnen helfen, wenn sie mit den Dämonen zu kämpfen haben, die in so viele Menschen unserer Tage eingedrungen sind?« (Besiegte Feinde, S. 23).

[4a] »Darum ist und bleibt der furchtbaren Dämonenwelt gegenüber der Name *Jesus* wichtig und wirksam. In Seinem Namen ist Seine Person da in all ihrer rettenden und befreienden Macht. Der Name Jesus macht die Seinen unantastbar für den Feind, im Namen Jesu treiben sie die finsteren Gewalten aus« (de Boor, S. 96).

hen, daß Er sagen konnte: »*Wenn Ich durch den Geist Gottes die Dämonen austreibe, so ist ja Gottes Herrschaft zu euch gelangt!*« (Matth. 12, 28). Am Weichen der Dämonen sollte also zu erkennen sein, daß Gottes Königsherrschaft hereingebrochen war. Wenn wir diese Wahrheit auf unsere heutige Lage beziehen, dann kann das nur bedeuten, daß der HErr uns sagen will: Wo ihr nichts auszurichten vermögt gegen die Dämonen, da bildet euch ja nicht ein, daß ihr »Reich Gottes baut«, während doch die Herrschaft des Feindes noch ungebrochen in Geltung ist. O daß wir es doch einsehen möchten, bevor es die Welt uns höhnisch bestätigt, wie wir uns lächerlich machen vor der sichtbaren und unsichtbaren Welt und wie wirkungslos unsere Verkündigung bleiben muß, wenn uns bei aller frommen Betriebsamkeit doch diese letzte Vollmacht fehlt! Vor allem aber dürfen wir den von Dämonen besessenen und gepeinigten Menschen nicht länger die Befreiung vorenthalten, die sie brauchen und die ja nur im Namen des Siegers *Jesus* und also einzig und allein durch dessen bevollmächtigte Boten geschehen kann. Wenn wir versagen — wo sollen sie dann hin?! Gott Lob, es gibt einzelne wenige Häuser, wo man sie hinschicken kann, aber die Möglichkeit, sie in solche Häuser zu schicken, entbindet uns keinesfalls von unserer eigenen Verantwortung in dieser Sache. So einfach ist es nicht, sich dieser Aufgabe zu entziehen und zu sagen: Dazu gibt es bestimmte, auserwählte Werkzeuge, aber ich bin dazu nicht berufen. Jeder prüfe sich selbst, ob er damit nicht dem Befehl seines HErrn ausweicht.

12. *Im Namen Jesu ist, wo es sein muß, zu befehlen.* Es kann sein, daß es einmal in der Gemeinde nötig wird, den Brüdern und Schwestern etwas mit Bestimmtheit zu gebieten, wie es Paulus den Thessalonichern gegenüber gelegentlich getan hat: »Ich befehle euch aber, Brüder, im Namen des HErrn *Jesus*, des Messias: Zieht euch von jedem Bruder zurück, der einen unordentlichen Lebenswandel führt und nicht nach den Weisungen lebt, die ihr von uns empfangen habt!« (2. Thess. 3, 6). So wird von Pastor Otto Stockmayer, der bekanntlich ein sehr nüchterner Mann und allem seelischen Gehabe feind gewesen ist, berichtet, daß er mitten in einer Gebetsgemeinschaft, da eine größere Schar auf den Knien lag, als ihm das

Beten der einzelnen zu gefühlvoll, zu seelisch zu werden begann, plötzlich aufstand und mit heiliger Autorität dazwischenfuhr, indem er sagte: »Im Namen Jesu befehle ich, daß dieses seelische Wesen aufhöre!« Wie viel fruchtbarer und Gott wohlgefälliger würden so manche vom Geist der Rechthaberei beherrschten theologischen Diskussionen auf den Konventen der Pastoren, ebenso aber auch so manche Gebetsstunden in den Gemeinschaften oder Freikirchen — von dem turbulenten, drängerischen Durcheinanderbeten und -seufzen gewisser Pfingstkreise ganz zu schweigen! — verlaufen sein, wenn je und dann ein Bruder in Vollmacht des Namens Jesu so entschlossen gegen alles seelische, oft so eitle und selbstgefällige Wesen aufgetreten wäre und eine zuchtvolle, demütige, vom Geist bestimmte Haltung befohlen hätte wie Stockmayer! — Hier muß wohl auch erwähnt werden, daß es notwendig werden kann, Maßnahmen der Gemeindezucht »im Namen des HErrn *Jesus*« anzuordnen, wie es Paulus im Fall des Blutschänders in Korinth getan hat (1. Kor. 5, 3—5).

Wenn wir die Punkte 1—12 zusammenfassen, kann man sagen: unser gesamtes Handeln darf und soll in Jesu Namen geschehen. So schreibt es Paulus den Kolossern: »*Und alles, was ihr auch tut in Wort oder Werk, alles sei im Namen des HErrn Jesus, indem ihr Gott dem Vater Dank saget durch Ihn*« (3, 17). Wie beglückend ist das etwa für eine Hausfrau, für einen Arbeiter, Handwerker oder Bauern, für Schüler und Studenten wie für alle, die in irdischen Berufen stehen, sich sagen zu können: was ich auch tue an dem Platz, an den mich Gott gestellt hat, das darf ich in *Jesu* Namen tun, *für Ihn*, und Er nimmt es an. Das ist so wichtig, daß unser ganzes Leben auf den HErrn *Jesus* hin orientiert und ausgerichtet wird, damit dann auch unser ganzes Tun in Wort und Werk unter den Segen und den Sieg Seines Namens kommt.

IV. Leiden für Jesu Namen

Offenbar war es unserem HErrn und Meister ein großes Anliegen, Seine Jünger darauf vorzubereiten, daß der Weg in Seiner Nachfolge nicht auf Rosen gebettet, sondern von Trübsalen begleitet sein würde, daß sie von seiten der Welt, die ihren HErrn gekreuzigt hat, nichts anderes zu erwarten hätten als Ablehnung, Mißverstehen, Haß und Verfolgung; deshalb sprach Er mehrfach davon. Nie aber findet sich im Neuen Testament auch nur die leiseste Andeutung dahin gehend, daß die Jünger ob der sie treffenden Schmach zu bemitleiden wären, ganz im Gegenteil: es soll ihnen Grund zu besonderer Freude sein. So sagt der HErr in der Bergpredigt: »Glückselig seid ihr, wenn sie euch schmähen und verfolgen und lügnerisch alles Böse gegen euch reden um Meinetwillen. Freuet euch und jubelt, denn euer Lohn wird groß sein in den Himmeln . . .« (Matth. 5, 11 f.). Und in der Aussendungsrede: »Und ihr werdet von allen gehaßt werden um Meines (Jesus-) Namens willen . . . Es steht der Jünger nicht über seinem Meister und der Knecht nicht über seinem HErrn. Es ist genügend für den Jünger (der Jünger kann zufrieden sein), wenn es ihm geht wie seinem Meister . . . « (Matth. 10, 22. 24. 25). Dasselbe sagt der HErr in Seiner Wiederkunftsrede (Matth. 24, 9) wie auch in den Abschiedsreden, wo Er dann noch hinzufügt: »Wenn sie Mich schon verfolgt haben, dann werden sie auch euch verfolgen; haben sie Meinem Wort aufgelauert, so werden sie auch dem euren auflauern. Dies alles aber tun sie euch an um Meines (Jesus-)Namens willen, denn sie kennen Den nicht, der Mich gesandt hat« (Joh. 15, 20 f.). Tatsächlich haben es die Apostel als ein Vorrecht empfunden, an der Schmach ihres Meisters Anteil haben zu dürfen: soeben erst waren sie aufs grausamste gefoltert worden (Apg. 5, 40) — und doch heißt es von ihnen: »Sie gingen aber vom Angesicht des Hohen Rates *voller Freude,* weil sie gewürdigt worden waren, um des Namens — *Jesus* — willen entehrt zu werden. Auch hörten sie (trotz des ihnen erteilten Verbotes) nicht auf, jeden Tag im Tempel wie in den einzelnen Häusern die frohe Botschaft zu verkündigen, daß *Jesus* der Messias sei« (V. 41.

42). Und als Stephanus unmittelbar vor dem Märtyrertod stand, strahlte sein Angesicht wie das eines Engels (Apg. 6, 15). So kann auch Petrus schreiben: »Wenn ihr geduldig aushaltet, wo ihr trotz eures guten Verhaltens leiden müßt, das ist Gnade bei Gott« (1. Petr. 2, 20b), »wenn ihr auch um Gerechtigkeit willen leiden müßt, — glückselig seid ihr!« (3, 14) und zuletzt: »Geliebte, seid nicht erstaunt über (laßt euch nicht befremden durch) die Feuerglut unter euch, die zur Prüfung über euch ergeht, als widerführe euch etwas Seltsames, im Gegenteil: freuet euch darüber in dem Maße, wie ihr an den Leiden des Messias Anteil bekommt, damit ihr auch bei der Offenbarung Seiner Herrlichkeit euch mit Jubel freuen könnt...« (4, 12). Bei allem Widerstand aber, der sich erhebt gegen die Gemeinde des HErrn und ihre Botschaft, geht es immer wieder, wie der Meister es selbst mit Betonung vorausgesagt hat, um den Namen *Jesus*. So drehen sich die ganzen Verhandlungen und Verhöre vor dem Hohen Rat, die sich an die Heilung des gelähmten Bettlers vor der schönen Pforte des Tempels anschlossen, immer wieder um den Namen *Jesus,* und die ganze Wut der Hohenpriester richtet sich nur gegen diesen Namen (vgl. Apg. 3 und 4!). Und Paulus selbst sagt bei der Beschreibung seiner eigenen Tätigkeit als Verfolger der Christen, er habe geglaubt, »dem Namen *Jesu* des Nazareners recht viel Widerstand entgegensetzen zu müssen« (Apg. 26, 9). Sogleich nach seiner Umkehr aber verkündigte er sowohl in den Synagogen von Damaskus wie in Jerusalem freimütig eben diesen ihm vorher so verhaßten Namen des HErrn *Jesus* (Apg. 9, 20. 27c. 28). Und wie vorbildlich hat sich gerade der Apostel Paulus später mitten in der Trübsal und Gefangenschaft bewährt! Der HErr hatte ja schon anläßlich seiner Berufung zu Ananias gesagt: »Denn Ich werde ihm zeigen, wie viel er wird leiden müssen um Meines (Jesus-) Namens willen« (Apg. 9, 16). Und als er dann mit Silas zusammen im Gefängnis zu Philippi liegt, singt er Lobgesänge in der Nacht (Apg. 16, 25). Dieselbe Haltung spricht aus seinen späteren Gefangenschaftsbriefen: er freut sich in seinen Leiden (Kol. 1, 24). Und als ihm in Cäsarea im Hause des Evangelisten Philippus durch Prophetenmund angekündigt wird, er werde in Jerusalem gefangengenommen werden, und die Brüder ihn daraufhin von der Reise dorthin abhalten wollen, antwortet er ihnen mit den Worten: »Was weint ihr so und macht mir das Herz schwer? *Ich bin ja bereit,* mich in Jerusalem nicht nur binden zu lassen, sondern *auch zu sterben für den Namen des HErrn Jesus«* (Apg. 21, 13).

Worin liegt aber die Triebkraft zu solcher Opferbereitschaft? Sie liegt in der göttlichen Liebe, von der geschrieben steht: »Alles hält sie aus . . . , alles erduldet sie« (1. Kor. 13, 7a. d). Das ist schon das Geheimnis der Vollmacht im Leben des Meisters gewesen: Seine leidende Liebe, die nicht das Ihre sucht, sondern ganz für die anderen da ist und für sie auch das letzte Opfer willig bringt (Joh. 15, 13). Und diese leidende Liebe, die willig ist, sich Wunden schlagen zu lassen, die bereit ist zu letzter Hingabe, ist auch für Seine Jünger der Weg zur Vollmacht. So werden wir einmal am Tage des Gerichts nach den Wunden gefragt werden, die wir uns bei den Spannungen und Nöten des Zusammenlebens mit anderen willig haben schlagen lassen. Paulus konnte von sich sagen: »In Zukunft möge mir niemand zu schaffen machen, denn ich trage die Malzeichen des HErrn *Jesus* an meinem Leibe« (Gal. 6, 17).

Es geht aber beim Leiden um des Namens Jesu willen nicht nur um das willige Ertragen Seiner Schmach und erlittenen Unrechts, sondern darüber hinaus um priesterlich-stellvertretendes Leiden. Wie hat unser HErr *Jesus* gelitten um Sein Volk, das Ihn nicht annehmen wollte, wie leidet Er heute noch um die Seelen, die Ihm ferne sind! An diesem Leiden des Herzens Jesu sollen wir teilnehmen. Wie der Meister um Jerusalem geweint hat, wie Er heute um jede von Satan gebundene Seele ringt, so sollen wir mit Ihm weinen und ringen, dürfen wir stellvertretend uns beugen für diejenigen, die sich in ihrer Blindheit selber noch nicht beugen können.

Dieses priesterliche Leiden bezieht sich aber nicht nur auf die Verlorenen, die noch tot sind in ihren Sünden, sondern auch auf die Gläubigen, die tüchtig gemacht werden sollen für das Erbteil der Heiligen im Licht und doch ihrem HErrn oft noch so viel Mühe bereiten mit ihrer Trägheit und ihrem vielfachen Versagen. So schreibt Paulus: »Meine Kinder, um die ich jetzt wieder Geburtswehen leide, bis Christus (endlich) in euch Gestalt gewinnt . . . « (Gal. 4, 19); oder: »Ich aber will

sehr gern Opfer bringen, ja mich selbst völlig aufopfern lassen, wenn es sich um euer Seelenheil handelt« (2. Kor. 12, 15).
Auch an anderen Stellen finden wir solche Hinweise auf das
priesterliche Leiden, das den Brüdern zugute kommt: »Deshalb
ertrage ich auch alles standhaft um der Auserwählten willen,
damit auch sie das Heil, das man im Messias *Jesus* findet, erlangen, ein Heil, das verbunden ist mit der ewigen Herrlichkeit« (2. Tim. 2, 10). Dabei läßt der Apostel keinen Zweifel
darüber, daß das stellvertretende Leiden ihm Vorrecht und
Freude bedeutet: »Jetzt freue ich mich über meine Leiden *für
euch* . . . « (Kol. 1, 24) — »aber auch wenn mein Blut als
Trankopfer vergossen werden sollte über dem Opfer und dem
priesterlichen Dienst für euren Glauben, so freue ich mich
doch . . . « (Phil. 2, 17). Ohne Zweifel gilt auch in dieser Hinsicht, daß der HErr ausschaut nach Priesterseelen, die durch
stellvertretendes Leiden vor Ihm in den Riß treten für andere
und die sich hineinziehen lassen in die Leiden Seines eigenen
Herzens. O daß unsere Liebe zum HErrn Jesus so brennend
würde, daß wir fähig werden, die Menschen um uns her mit
Seinen Augen anzusehen und also um ihr Heil zu ringen mit
der Glut Seiner Liebe und mit dem Leiden Seines Herzens!
Nach der Erfahrung solcher »*Gemeinschaft Seiner Leiden*« hat
sich Paulus ausgestreckt (Phil. 3, 10b). Hier zeigt sich, wie-
weit wir als Glieder des Christusleibes in inniger Lebensgemeinschaft mit dem Haupt stehen: läßt es uns kalt, wie das
Haupt leidet um die Lauheit Seiner Glieder, um die Zerrissenheit Seines Leibes, um die Verlorenheit der Völker — oder sind
wir so bewegt und gedrängt von Seiner Liebe (2. Kor. 5, 14),
so erfüllt von Seinem Leben (Röm. 6, 5), daß Sein Schmerz
unser Schmerz und Sein Leiden unser Leiden wird? In diesem
Sinne will unser HErr Jesus die Seinen teilnehmen lassen an
Seinem Leiden. Und der Heilige Geist, der uns das Leben des
Auferstandenen vermittelt, auf daß es an unserem sterblichen
Leibe offenbar werde (2. Kor. 4, 10. 11), gibt uns die Vollmacht in Jesu Namen, diese Leiden freiwillig auf uns zu nehmen — aus Dank und Liebe.[1]

---

[1] Vgl. dazu: M. Basilea Schlink, »Priesterliches Leiden« (Darmstadt 1954) und »Mitarbeiter Gottes« (Darmstadt 1956), S. 24—32.

Zusammenfassung

Wir haben also gesehen, was für eine große Bedeutung nach dem Zeugnis des Neuen Testaments der Name *Jesus* für die Gemeinde Seiner Erlösten hat und was für eine siegende Macht für sie in diesem Namen beschlossen liegt. Nun verstehen wir um so besser, warum Paulus vom Namen *Jesus* die Aussage macht, daß er jeden anderen Namen überrage (Phil. 2, 9b).

Gleichzeitig ist aber wohl auch deutlich geworden, daß es bei aller Herausstellung und Betonung dieses Namens immer und überall um *die Person des HErrn selbst* geht, in dem uns Gottes wirkende Gegenwart begegnet, durch den uns Gottes rettendes Heil zuteil wird und durch den Gottes Sieg zu uns kommt. So kann es keinem Zweifel unterliegen: je mehr dieser einzigartige Name, d. h. aber: je mehr der HErr *Jesus* selbst im Mittelpunkt unseres Lebens steht und also mit der Vollmacht Seines Namens unser Reden und Beten, unser Handeln und Leiden bestimmt, desto stärker wird »die Atmosphäre der Erkenntnis von Ihm« und der Sieg Seines Namens »durch uns offenbar werden an jedem Ort« (2. Kor. 2, 14b). Darin aber liegt der Zweck unserer Berufung, das soll und darf der Inhalt unseres Lebens, das Ziel unseres Strebens sein, daß auch durch unser Zeugnis, unseren Wandel, unseren Dienst, ja durch unser ganzes Leben das geschehe, was von der Wirksamkeit des Apostels Paulus berichtet wird: »Und Furcht fiel auf sie alle, und *der Name des HErrn Jesus wurde groß gepriesen, hoch erhoben*« (Apg. 19, 17b). Dies war sein heiliges Anliegen, sein einziges Verlangen, möge es nun erreicht werden wie auch immer, »sei es durchs Leben oder durch den Tod« (Phil. 1, 20b). Dasselbe erflehte er vom Vater der Herrlichkeit für die Gemeinden: die unerhörte Kraft, die Gott am Messias erwiesen hat durch dessen Auferweckung von den Toten (Eph. 1, 19. 20; Phil. 3, 10a), soll auch an den Erlösten wirksam werden, »*damit der Name unseres HErrn Jesus an euch und unter euch verherrlicht werde*« (2. Thess. 1, 12). Dazu sind wir da; dazu hat uns Gottes heiliger Ruf erreicht; dazu will Er uns als Seine Mitarbeiter und Werkzeuge

gebrauchen, daß es durch uns überall, wohin wir kommen, in
der Finsternis des verdrehten und entarteten Geschlechtes unserer Tage *hell* werde (Phil. 2, 15; Matth. 5, 14 ff.; Eph. 5, 8),
indem durch das Zeugnis unseres Lebens der Name des HErrn
Jesus den Menschen *groß* wird, Sein Sieg für sie in Kraft tritt,
Seine Königsherrschaft sich unter ihnen ausbreitet und sie mit
uns zur Anbetung Seines Namens gelangen, der da hoch ge-
lobt sei in Ewigkeit.

Anhang:

Nur der Geist macht lebendig

»Zu sagen: ›HErr ist *Jesus*‹, dazu ist keiner imstande außer durch den Heiligen Geist«, schreibt Paulus (1. Kor. 12, 3b). Dasselbe meint der HErr selbst, wenn Er sagt: »Niemand ist imstande, zu Mir zu kommen, wenn nicht der Vater, der Mich gesandt hat, ihn zieht« (Joh. 6, 44); denn solches Ziehen geschieht durch den Heiligen Geist. In Jesus aber war das Leben (Joh. 1, 4a), ja, Er selbst ist »das Leben« (Joh. 14, 6); und wer sich Ihm anvertraut, hat das Leben (Joh. 3, 36); wer Ihn aber nicht hat, der hat das Leben nicht (1. Joh. 5, 12). Wie viele sogenannte Christen gibt es, die zwar den Namen führen, daß sie leben, und sind doch tot (Offb. 3, 1c)! Sie hören zwar das Evangelium, dringen aber nicht durch aus dem Tode zum Leben. So bleibt das gepredigte Wort für sie toter Buchstabe, denn so spricht der HErr: »Der Geist allein ist es, der lebendig macht; das Fleisch nützt überhaupt nichts« (Joh. 6, 63). Der Apostel Paulus aber nimmt die hier ausgesprochene Wahrheit auf, wenn er schreibt: »Der Buchstabe tötet, aber der Geist macht lebendig!« (2. Kor. 3, 6b). Damit umreißt er den großen Gegensatz zwischen einer geistlosen, nur von der eigenen fleischlichen Kraft getragenen Predigt über Bibeltexte, die den Tod der Gemeinden bewirkt, und der geistesmächtigen, vom HErrn beglaubigten Verkündigung, durch die Erweckung und göttliches Leben entsteht. Daß es ohne Heiligen Geist keine Offenbarung des Wortes Gottes, kein Erkennen der Wahrheit und also keinen Durchbruch zum Leben gibt, das soll im folgenden aufgezeigt werden, und zwar im Hinblick auf die Theologen, die Gemeinden und die Kirche im Ganzen.

1. Keine Wahrheitserkenntis für die Theologen ohne den Heiligen Geist. Auch der begabteste und eifrigste Student der Theologie, ja selbst der gelehrteste Universitätsprofessor wird in der Bibel keine Offenbarung finden können, all sein Forschen in der Schrift und in theologischen Werken muß fruchtlos bleiben, wenn ihm durch den »Geist der Weisheit und Offenbarung« nicht die »erleuchteten Herzensaugen« geschenkt werden (Eph. 1, 17b. 18a), wenn ihm nicht persönlich offenbart wird, was vor den Augen der Welt und des natürlichen Menschen verborgen ist (1. Kor. 2, 7—10). Je klüger und gelehrter er sich dünkt — gerade auch als Theologe —, desto schwieriger wird es sein, daß er von Gott Offenbarung empfängt; denn den Klugen und Weisen hat es Gott je und dann verborgen! (Matth. 11, 25a). Nur die Armen im Geiste werden selig gepriesen (Matth. 5, 3), nur den Demütigen will Gott Seine Gnade geben (1. Petr. 5, 5c), nur den Unmündigen wird Er sich offenbaren (Matth. 11, 25b). »Wenn ihr nicht umkehrt und werdet wie die Kinder, werdet ihr keinesfalls in die Königsherrschaft der Himmel eingehen«, spricht der HErr (Matth. 18, 3). »Suchet, so werdet ihr finden«, steht zwar geschrieben, aber wie oberflächlich wird doch dieses Wort oft gebraucht und aufgefaßt! Wird es doch sehr darauf ankommen, *was* wir suchen und *wie* wir suchen!

Was suchen wir? Suchen wir nur Zeichen und Beweise, suchen wir nur Weisheit und Wissenschaft, dann wird uns die Botschaft von einem gekreuzigten Messias entweder anstößig sein und als Torheit erscheinen (1. Kor. 1, 22 f.), oder sie bleibt uns ein Theologumenon, das wir zwar erkenntnismäßig bejahen, das aber unser wirkliches Leben nicht berührt. Als der HErr am Jordan Andreas und Johannes fragt, *was* sie denn suchten, wird aus deren Antwort deutlich, daß sie tatsächlich nicht nur »etwas« suchen — sei es nun einen Gottesbeweis oder Weisheit oder Trost oder Hilfe —, sondern daß sie *Ihn Selbst* suchen (Joh. 1, 38), daß es ihnen also um Seine Person, um *Jesus* allein geht.

Und *wie* suchen wir? Suchen wir mit heißem Herzen oder nur mit kaltem Verstand? Suchen wir mit geteiltem Herzen als solche, deren eigentliches Streben in ganz anderer Richtung geht — nämlich auf das Irdische hin — und die von Ehrgeiz, Ruhmsucht, Eitelkeit beherrscht sind und denen ihr Intellekt, vielleicht ohne daß sie es wissen, zum Götzen geworden ist? Hier gilt das Wort: »Niemand täusche sich selbst! Bildet sich einer von euch ein, weise zu sein, der werde erst einmal ein Tor in dieser Weltzeit, damit er dann zur wahren Weisheit komme!« (1. Kor. 3, 18). Weil der HErr weiß, wie oft es den vermeintlichen Gottsuchern, Wahrheitsforschern,

Gelehrten und angeblichen Gläubigen gar nicht in erster Linie um Seine Ehre und Seinen Willen geht, sondern um ihre eigene Ehre und die Durchsetzung ihres Eigenwillens, deshalb hat Er die Verheißung, Sich finden zu lassen, nur denen gegeben, die Ihn »von *ganzem* Herzen« suchen (Jer. 29, 13 f.).

Wie aber läßt Er Sich finden von dem, der Ihn aufrichtig sucht? Indem Er ihm — durch den Heiligen Geist — *Jesus,* den Sohn als lebendigen HErrn und Retter offenbart (Gal. 1, 16a). Keiner kann aus der Klugheit des natürlichen Menschen heraus in Jesus aus Nazareth den Messias erkennen, wenn es ihm nicht der Vater in den Himmeln offenbart (Matth. 16, 16 f.). Wer aber den Sohn aufrichtig liebt, was sich im Gehorsam gegen Seine Weisungen zeigt, dem gilt ausdrücklich die Verheißung, daß Er sich ihm offenbaren werde (Joh. 14, 21). Das ist die eigentliche und höchste Aufgabe des Heiligen Geistes, die göttliche Sendung und Herrlichkeit des Messias Jesus denen zu offenbaren, die den Willen des Vaters zu tun entschlossen sind (vgl. Joh. 16, 14 mit 7, 17!). Als der Geist der Wahrheit soll Er uns in die ganze Wahrheit hineinführen (Joh. 16, 13a); Er will unser eigentlicher Lehrmeister sein, von dem wir gelehrt werden (1. Kor. 2, 13). Wo sich die Theologen vom Heiligen Geist selbst lehren lassen, da können sie mit ihrer Theologie auf Jahrhunderte hinaus die größte Bedeutung gewinnen für die gesamte Kirche, wie es an geistgelehrten Männern wie Augustin oder Luther zu sehen ist. Unter dem Lehramt des Heiligen Geistes entsteht die echte Weisheit und Erkenntnis, ohne die es keine lebendige Kirche gibt. So ist das die Existenzfrage der Kirche und all ihrer Theologie, ob die Theologen sich beim Forschen nach der Wahrheit tatsächlich vom Heiligen Geiste leiten lassen oder aber nur von ihrer Vernunft, die dann zur »Hure« wird, wie Luther gesagt hat. Der Inhalt der Heiligen Schrift wird und muß für sie ohne den Heiligen Geist *stumm* bleiben, denn Offenbarung der Wahrheit gibt es nur durch die Erleuchtung des Heiligen Geistes.

2. *Keine Gotteserkenntnis, kein Leben und kein Wachstum für die Gemeinde ohne den Heiligen Geist.* Die Erfahrung zeigt, daß es viele Gemeinden gibt, die Sonntag für Sonntag unter das Wort kommen, durch Jahre und Jahrzehnte regel-

mäßig das Evangelium hören — und doch dringen sie nicht zum Leben durch, sondern bleiben im Tode. Und warum? Wohl kann es auch an der Gemeinde liegen, indem die Wirkung des Wortes durch einen Bann, durch einen Geist der Verhärtung oder Verstockung aufgehalten wird, oft aber liegt es einfach daran, daß der Verkündigung die Erweisung des Heiligen Geistes und der göttlichen Kraft (1. Kor. 2, 4b) fehlt und deshalb durch sie keine Offenbarung geschieht: der vermeintliche Glaube, der dabei herauskommt, ist nicht auf die Kraft Gottes, sondern nur auf Menschenweisheit gegründet (1. Kor. 2, 5).[1] Hier gilt, was der Apostel Paulus mit großem Ernst sagt und was doch in der Christenheit so wenig ernst genommen wird: »Wie sollten sie denn zum lebendigen Glauben kommen können, wenn sie *Ihn* (d. h. Seine Stimme) noch nicht gehört haben? Wie aber sollten sie (Seine Stimme) hören, ohne daß ein echter Herold Gottes ihnen (in Vollmacht!) die Botschaft gebracht hat?« (Röm. 10, 14). Eben darauf kommt nämlich alles an, daß die geistlich Toten aus der Verkündigung des Evangeliums die Stimme des Sohnes Gottes als die ihres guten Hirten, der sie sucht, *heraushören* und daraufhin Ihm folgen, um dadurch zum *Leben* zu gelangen (vgl. Joh. 10, 16. 27 mit 5, 25!). Und darin erweist sich die göttliche Vollmacht der berufenen, echten Herolde des HErrn, daß unter ihrer Verkündigung Sein Verheißungswort sich erfüllt: »Wer euch hört, der hört *Mich*« (Luk. 10, 16).

Gewiß darf damit gerechnet werden, daß der lebendige Gott in Seiner Souveränität überall wirken kann, nicht auf bestimmte Werkzeuge angewiesen ist und Seinen Geist wehen

---

[1] So ist das, was die heutigen Durchschnittschristen unter »Glauben« verstehen, nichts anderes als pure Illusion! »Jesus lehnt es mit gewaltigen Worten ab, eine rein innerlich religiöse Haltung, die das praktische Leben an der Wurzel unverändert läßt, als Glauben anzuerkennen. Er läßt Sich mit Andachtsübungen oder korrekter dogmatischer Anerkennung Seiner Person nicht abfinden. Zu denen, die nicht den Willen Seines Vaters taten, wird Er sagen: ›Noch nie habe Ich euch gekannt.‹ Und diejenigen, die in den unansehnlichsten unter ihren Mitmenschen nicht Seine Brüder ehrten, stellt Er den Dienern das Satans gleich (Matth. 7, 21–23 und 25, 41)« (Ralf *Luther*, S 71 f.)

läßt, wo immer Er nur will (Joh. 3, 8a), und daß Er in Seiner Barmherzigkeit jeden beliebigen Menschen benützen kann, um durch ihn zu reden. Gott kann ja sogar ein Tier zum Sprechen bringen wie bei Bileam (4. Mose 22, 28 ff.). Er kann, wo die Menschen versagen, die Steine schreien lassen (Luk. 19, 40) oder sich zur Kundmachung Seines Willens einer getünchten Wand bedienen wie bei Belsazar (Dan. 5, 5 ff.). Gott kann einen heidnischen König wie Cyrus als Werkzeug Seines Willens gebrauchen, ja, ihn sogar Seinen Hirten (Jes. 44, 28) und Seinen Gesalbten (Jes. 45, 1) nennen, und Er kann einem Kaiphas als dem regierenden Hohenpriester eine Weissagung eingeben (Joh. 11, 51). Wie sollte Er da nicht auch heute jederzeit durch jede Predigt und durch jeden Prediger reden können, wann und wo und wie Er will?! Tatsächlich läßt sich Gott durch all unseren Unglauben, Ungehorsam und Eigenwillen nicht daran hindern und nicht darin aufhalten, sich in Gericht und Gnade an vielen Herzen zu bezeugen. Er redet zu Seinen Menschenkindern unaufhörlich und unermüdlich — trotz allen Versagens der Diener an Seinem Wort, ja über ihr Versagen hinweg! Ist sein Wort nicht wie ein Feuer und wie ein Hammer, der Felsen zerschlägt? »Gottes Wort ist nicht gebunden!« (1. Tim. 2, 9b). — Trotzdem bleibt es unabdingbare Wahrheit: Ohne die Mitwirkung des Heiligen Geistes, ohne die Beglaubigung von oben, ohne den zündenden Funken des göttlichen Feuers muß alle Predigt über biblische Texte bloßer »Buchstabe« bleiben, der da *tötet* (2. Kor. 3, 6b). Der sogenannte Glaube, der daraus entsteht, ist tot, denn er rettet nicht (Jak. 2, 17); die frommen Leistungnen, die daraus erwachsen, werden »tote Werke« (Hebr. 9, 14b) sein, solange sie nicht eine Frucht des Geistes darstellen, die da bleibt; die sogenannte Erkenntnis, die gewonnen wird, nützt gar nichts (1. Kor. 13, 2), solange sie nur eine sachlich gedankliche Erkenntnis, aber kein persönliches Kennenlernen des lebendigen Gottes ist. Wenn nämlich geschrieben steht: »Das ist das ewige Leben, daß sie Dich, den alleinigen wahrhaftigen Gott, und Jesus, den Messias, den Du gesandt hast, *erkennen*« (Joh. 17, 3), dann ist damit ja nicht ein Kennen vom Hören-Sagen gemeint, sondern ein Erkennen auf Grund einer *Begegnung*. Nicht dadurch kommt Erkenntnis des göttlichen Lebens zustande, daß man darüber grübelt und studiert, sondern dadurch, daß dieses Leben *erscheint* (1. Joh. 1, 2). Niemand kann den Vater kennenlernen, wenn es ihm nicht der Sohn offenbart (Matth. 11, 17). Wenn der Allmächtige aus Seiner Verborgenheit hervortritt und den Menschen in *Jesus* Seine Gegenwart schenkt, fängt die Erkenntnis Gottes überhaupt erst an.[2] Da erfüllt sich das Wort des HErrn: »Wer Mich gesehen hat, der *hat* den Vater gesehen« (Joh. 14, 9).

Das aber ist die Aufgabe des Heiligen Geistes bei der Verkündigung des Evangeliums, die Herrlichkeit und Majestät des Gekreuzigten, Seine rettende Kraft und Siegesgewalt den Zuhörern ins Licht zu stellen (Joh. 16, 14). So geschieht Offenbarung. So geht ihnen das Wort durchs Herz (Apg. 2, 37) und wird ihnen zum Samen für die Wiedergeburt (1. Petr. 1, 23; Jak. 1, 18). So gibt bei vollmächtiger Evangeliumsverkündigung Gott selbst durch den Heiligen Geist »Sein Zeugnis mit dazu« (Hebr. 2, 4a), so daß nach dem Plan und Wort des HErrn das Zeugnis des Heiligen Geistes mit dem Zeugnis der Botschafter zusammenkommt (vgl. Joh. 15, 26. 27; Apg. 5, 32!); so wirkt der Auferstandene selbst mit und beglaubigt das Wort Seiner von Ihm berufenen und gesalbten Herolde (Mark. 16, 20) durch die Offenbarungswirkungen Seines Geistes, durch den Er nicht nur die Herzen erleuchtet, sondern den Er persönlich *austeilt*, wie es Seinem Willen entspricht (Hebr. 2, 4b). Wo aber den Dienern am Wort die göttliche Berufung, die Salbung des Geistes, die Vollmacht von oben fehlt, wird sich zwar der barmherzige Gott auch dann je und je nicht unbezeugt lassen, und doch kann nicht erwartet werden, daß der Heilige Geist bei ihrem Dienst so mitwirkt, wie es eigentlich verheißen ist und sein sollte. Nicht umsonst steht geschrieben: »Wie sollen sie als Herolde (in Vollmacht) Gottes Botschaft ausrichten, wenn sie nicht gesandt sind?« (Röm. 10, 14c). Hier zeigt sich der tiefgreifende, grundlegende Unterschied zwischen dem üblichen Predigen der Schriftgelehrten und dem geistgewirkten Heroldsdienst im Sinne des Neuen Testaments. Zum Predigen aus menschlicher Kraft und Weisheit genügt die menschliche Einsetzung, die Ordination durch

---

[2] Nach Ralf *Luther,* Neutestamentliches Wörterbuch.

kirchliche Organe; bevollmächtigte Herolde Gottes aber gibt es *nur* auf Grund göttlicher *Sendung*. Ob diese Sendung vorliegt oder ob sie fehlt, kann nicht verborgen bleiben (Matth. 5, 14). So weit der Abstand ist zwischen dem Schöpfer und Seinem gefallenen Geschöpf, zwischen Gottesgeist und Menschengeist, zwischen Gotteskraft und Menschenkraft, so groß ist der Unterschied zwischen göttlicher Heroldsbotschaft und rein menschlicher Predigt. Die Botschaft Seiner Herolde läßt Gott in den Herzen zünden (Luk. 12, 49), sie dringt als Schwert des Geistes durch Mark und Bein (Hebr. 4, 12) und rettet als Gotteskraft jeden, der sich ausliefert (Röm. 1, 16); — dagegen das menschliche Predigen ohne die Vollmacht des Heiligen Geistes geht erfahrungsgemäß über die Köpfe hinweg, läßt die Herzen kalt und bleibt meist bloßer Buchstabe, der tötet. Durch das Wort Seiner berufenen Herolde *redet* der auferstandene HErr persönlich zu den einzelnen; — zur Predigt vieler, die sich in ihrer Weisheit noch selbst gefallen, muß Er oft *schweigen*, um sie zur Besinnung und zum Aufwachen zu bringen. Bezeugt sich aber der HErr Selbst durch den Mund Seiner Herolde, dann kommt es bei denen, die aus der Wahrheit sind (Joh. 18, 37d), zu jenem Aufhorchen, das die Voraussetzung bildet für die Hingabe an Ihn. Deshalb sagt Paulus: »Demnach entsteht der lebendige Glaube aus dem *Aufhorchen* auf die Verkündigung, das Aufhorchen aber kommt durch eine unmittelbare Mitteilung des Messias« (Röm. 10, 17), d. h. dadurch, daß der gegenwärtige HErr durch Seinen Geist unmittelbar zu den Zuhörern *redet*. Solange Er das nicht tut, bleibt das gepredigte Bibelwort tötender Buchstabe.

Diesen Gegensatz zwischen der Wortverkündigung mit Vollmacht und Beglaubigung des Heiligen Geistes einerseits und derjenigen aus eigener Kraft und menschlicher Weisheit ohne Mitwirkung des Heiligen Geistes andererseits hat auch Martin Luther klar erkannt und deutlich betont; er drückte ihn gern mittels der von Augustin übernommenen Unterscheidung zwischen dem äußeren und dem inneren Wort aus. Unter äußerem Wort versteht er das Schriftwort oder das *verbum vocale* als solches, unter innerem Wort aber Gottes eigenes Reden durch Seinen Geist; ohne dieses Wirken des Heiligen Geistes bleibt nach Luthers Überzeugung das äußere Wort nur

Buchstabe und Menschenwort.[3] Die augustinische Vorstellung vom Heiligen Geist als dem Finger Gottes, der das Gesetz lebendig ins Herz schreibt, spielt in Luthers 1. Psalmvorlesung eine große Rolle, gerade im Zusammenhang mit dem Gegensatz *spiritus — littera:* Der Heilige Geist ist selbst der Schnellschreiber (Ps. 45, 2), der die Zunge, die das äußere Wort spricht, wie Seine Feder benützt; wenn der Heilige Geist aber nicht selbst inwendig im Herzen schreibt, bleibt das äußere Wort ein toter Buchstabe des Gesetzes, der keine Liebe zu Gott zu wecken vermag, — so sagt Luther.[4] Oft verwendet Luther in diesem Zusammenhang 1. Kor. 3, 7: Gott selbst ist es, der allein dem Wort Wachstum geben kann. »Denn es kann niemand Gott oder Gottes Wort recht verstehen, ohne daß er es unmittelbar vom Heiligen Geiste hat. Niemand kann es aber vom Heiligen Geist haben, ohne daß er es deutlich erfahre und empfinde, und in solcher Erfahrung lehrt der Heilige Geist als in Seiner eigenen Schule, außerhalb deren nichts gelehrt wird als nur trügerisches Wort und Geschwätz« (W. A. VII, 546, 24). Daß Luther so vom Heiligen Geist gesprochen hat, ist uns wohl — auch in der lutherischen Kirche — nicht immer bewußt und gegenwärtig gewesen.[5]

---

[3]   Vgl. Regin *Prenter,* Spiritus Creator, Studien zu Luthers Theologie. München 1954. S. 107 f.

[4]   Vgl. W. A. III, 250, 4; 255, 28 ff.; 256, 4 ff.; 259, 13; 261, 5; 262, 30; 347, 37 ff.; 348, 11 ff. (s. R. Prenter, S. 333, wo auch noch viele Belegstellen aus späteren Schriften Luthers angeführt sind!).

[5]   Diese starke Betonung der Unentbehrlichkeit des Heiligen Geistes aus Luthers Schriften erhoben und in ausführlicher Untersuchung nachgewiesen zu haben, ist das Verdienst des dänischen Gelehrten R. *Prenter.* Abschließend und zusammenfassend sagt er im letzten Abschnitt seines Werkes: »Der Heilige Geist ist der gegenwärtige und souverän herrschende Geist, der Geist Jesu Christi und Gottes des Vaters. Mit diesem Zeugnis steht Luther in einem klaren Gegensatz zu den meisten Aussagen, die in der langen Geschichte der Theologie über den Geist gemacht worden sind« (S. 297 f.). Luthers Realismus im Verständnis des Heiligen Geistes ist eine brennende und ernste »Frage an die evangelische Theologie. Als konfessionelle Theologie hat nämlich die lutherische Orthodoxie an diesem Realismus *nicht* festgehalten . . . Wenn es *einen* Punkt in Luthers Theologie gibt, an dem die *Kluft* zwischen ihm und der Orthodoxie, die doch seine Gedanken weiterführen wollte, sichtbar wird, dann ist das in seinem Zeugnis vom Geist. Und die-

An dieser Mitwirkung des Heiligen Geistes und daran, daß sie ungehindert geschehen kann, war dem Apostel Paulus alles gelegen. Deshalb hat er bei seiner eigenen Verkündigung auf alle Mittel menschlicher Beredsamkeit bewußt verzichtet, wollte auch nichts von seiner menschlichen Weisheit merken lassen: kein anderes Wissen wollte er zeigen als nur »Jesus, den Messias, und zwar den Gekreuzigten« (1. Kor. 2, 2). Er wollte auf seine Zuhörer unter keinen Umständen durch sein umfassendes Wissen oder durch glänzende Rhetorik Eindruck machen, sondern mit seiner Person völlig zurücktreten, um der »Erweisung des Geistes und der Kraft« Raum zu geben, damit sich ihr Glaube nicht auf Menschenweisheit gründe, sondern auf die Kraft Gottes (1. Kor. 2, 4 f.).

Botschafter und Gemeinde sind also dazu aufgerufen, mit dem Geist und Seinen Wirkungen zu rechnen, und zwar nicht nur dazu, daß durch Ihn Leben entstehe, sondern daß durch Ihn entstandenes Leben nun auch wachse und sich so entfalte, wie es dem Plan des HErrn entspricht. Es besteht ja immer die Gefahr, daß diejenigen, die den Kampf des Glaubens »im Geiste begonnen« haben, wieder ins Fleisch, d. h. ins eigene Tun zurücksinken (Gal. 3, 3). Es ist die Verantwortung der vom Geist erweckten und lebendig gemachten Gemeinde, nun auch im Geist zu wandeln (Gal. 5, 16. 25), damit die Machenschaften des Fleisches im Tode gehalten werden (Röm. 8, 13) und die Frucht des Geistes sich entfalten kann (Gal. 5, 22 f.). »Denn so viele sich vom Geiste Gottes leiten lassen, nur *diese* sind Gottes Söhne« (Röm. 8, 14). So gibt es für die Gemeinde keine Gotteserkenntnis, kein wahres Leben und kein Wachstum ohne den Heiligen Geist.

ser Punkt liegt ja nicht irgendwo am Rande, sondern ist der eine Mittelpunkt in Luthers Verständnis des Evangeliums. Für die lutherische Theologie bedeutet eine Untersuchung wie die hier vorliegende, daß die Frage nach Luther und dem lutherischen Erbe ganz konkret neu gestellt wird. Ist das Luthertum wirklich ›lutherisch‹? Diese Frage kann ja auch gegenüber unseren Bekenntnisschriften gestellt werden . . . Wenn man diese ursprünglichen Bekenntnisschriften in ihrem Verhältnis zu Luthers eigener Schau und zusammen mit ihr als einen Hinweis auf das betrachtet, was die Heilige Schrift sagt, dann muß es ausgesprochen werden, daß das Luthertum in seinen Aussagen über den Geist durchweg *nicht* lutherisch gewesen ist« (S. 299).

3. Kein Wahrheitsbesitz für die Kirche ohne den Heiligen

Geist. Es ist ein großer Irrtum und eine verhängnisvolle Selbsttäuschung, wenn die Kirche meint, sie sei schon deshalb garantiert im Besitze der Wahrheit, weil sie die Bibel und ihre Bekenntnisschriften habe. Man kann die Wahrheit nicht konservieren zwischen den Deckeln der Bibel, man kann sie nicht einfangen in ein System der Lehre, in Katechismen und Dogmen. Wie Gott in Wahrheit ist, was Er wirklich will, kann nur der erkennen, dem Gott selbst begegnet. Darum sagt Jesus: »Ich bin die Wahrheit«, d. h., wo Er persönlich nahe ist, da werden die Menschen von Gott berührt und göttlich erleuchtet — da erst fallen ihnen die Schuppen von den Augen: wie klein, wie eng, wie trüb, wie falsch ihre bisherigen (auch »biblischen«) Vorstellungen von Gott waren. Daß wir also Dokumente früherer Offenbarungen in Händen haben, ist noch keine Gewähr dafür, daß Gott uns heute offenbar *ist*. Wenn man meint, den Ertrag Seiner früheren Offenbarungen in Lehrsätze und Glaubensbekenntnisse fassen zu können, kann es einem leicht so gehen, daß man nur die ihres Sinnes entleerten, bloßen Hülsen der Gotteswahrheit noch in den Händen behält. Nicht dadurch schon wird Gott erkannt, daß man ein Buch aufschlagen und sagen kann: So sprach Gott. Immer nur da ist wahre Erkenntnis aufgeleuchtet, wo wieder gesagt werden kann: so spricht der HErr. Dann erst werden die sonst toten Schriftworte zu lebendigen Gottesworten, wo der HErr heute durch den Heiligen Geist die einzelnen anspricht und sie für sich persönlich die Stimme ihres guten Hirten hören (Joh. 10, 27). Die schriftkundigen und frommen Zeitgenossen Jesu hatten wohl das Bibelwort, die prophetischen Schriften und also die ganze »Offenbarung« ihres Gottes; und doch mußte Jesus von ihnen ausdrücklich sagen, daß die Wahrheit ihnen *nicht* offenbart sei; im Gegenteil: Gott hat sie vor ihnen verborgen (Matth. 11, 29). Genauso könnte es der Kirche gehen. Gilt nicht auch uns heute weithin das Wort des HErrn: »Ihr durchforscht wohl die Schriften, weil *ihr* euch einbildet, ihr hättet schon darin ewiges Leben; und doch sind es gerade sie, die von *Mir* zeugen. Aber zu Mir wollt ihr ja nicht kommen, um wirkliches Leben zu empfangen« (Joh. 5, 39 f.)? Solange die letzte Hingabe des Willens an Jesus fehlt, muß alles

Studieren der Schrift fruchtlos bleiben, denn »der Buchstabe tötet«. Alles früher Geoffenbarte bleibt verhüllt, wenn Christus es nicht heute durch den Heiligen Geist enthüllt. Die eigentlichen Theologen werden vom HErrn gesandt (Matth. 23, 34); sie sind nicht bloß Schriftgelehrte, sondern Geistgelehrte (1. Kor. 2, 13).[6] Was der Heilige Geist durch sie im Laufe der Geschichte in der Kirche niedergelegt hat und was sich vor allem in ihren symbolischen Schriften widerspiegelt, ist in Ehrfurcht zu achten, aber es muß darum gebetet werden, daß der Geist die Erkenntnisse der Väter heute neu beleuchte und weiterführe, damit »wir *alle* zur Einheit des Glaubens und der Erkenntnis des Sohnes Gottes hingelangen« und »das Wachstum des Gesamtleibes sich vollziehen kann zu dessen Auferbauung in Liebe« (Eph. 4, 13—16).

Kann sich eine Kirche auf die »reine Lehre« berufen, die sie vertritt, so ist damit noch nicht garantiert, daß sie das Licht der Wahrheit wirklich besitzt. Jesus hat Seine Jünger wohl mit großer Sorgfalt gelehrt, und sie wußten es zu schätzen, was sie an Seiner Lehre hatten. Und doch haben sie später gesagt, daß die entscheidende Erleuchtung ihnen nicht durch die Lehre ihres Meisters, sondern durch *Ihn* selbst gekommen sei. »In Ihm war das Leben, und das *Leben* war das Licht der Menschen« (Joh. 1, 4). Auch heute noch ist es so: Die Lehre Jesu hat nur insofern Leuchtkraft, als Er selbst nahe ist[7] und sich durch Seine Boten bezeugt, in denen Er

---

[6] Nach Ralf Luther, Neutestamentliches Wörterbuch, das auch für die weiteren Ausführungen dankbar benutzt wurde.

[7] »Die reinste Lehre und die beste Sakramentsverwaltung können niemals den Lebendigen ersetzen; denn das Wort und das Blut des HErrn werden erst lebendig und wirksam durch die Gegenwart des HErrn selbst. Tritt jedoch die Gegenwart des HErrn zurück, so werden die heiligen Symbole losgelöst von der Person des HErrn; sie hören dann auf, Dolmetscher Gottes und Gnadenmittel in Seiner Hand zu sein, um als solche das Wesen Gottes und Seine Kraft zu offenbaren . . . So werden mit Naturnotwendigkeit die Symbole Selbstzweck und treten als Gegenstand der Verehrung an die Stelle des allein zu verehrenden lebendigen Gottes. Sie, die bestimmt waren, Träger des Lebens Gottes zu sein, verschlingen schließlich dieses Leben, und es findet die traurige Wiederholung der Tatsache statt, daß das zum Tode gereicht, was doch zum Leben gegeben war« (Eugen *Edel*, Das Symbol der Stiftshütte und die Kirche Jesu Christi, S. 87).

Wohnung genommen (Joh. 14, 23) und in denen Er Gestalt gewonnen hat (Gal. 4, 19). Der unsichtbare HErr wird als das Licht nur insoweit offenbar werden, als Seine Diener selber mit ihrem Leben »ein Licht in dem HErrn« geworden sind (Eph. 5, 8). Fehlt Seine persönliche Nähe, fehlt die Offenbarung Seiner Gegenwart durch den Heiligen Geist, fehlt den Verkündigern die Erweisung des Geistes und der Kraft, so mag man noch so viel Bibeln verbreiten, noch so unermüdlich und biblisch predigen, noch so lauter und rein lehren, die Welt bleibt deswegen doch so heillos und finster wie zuvor, und zu mancher christlichen Gemeinde muß der HErr sagen: »Ich weiß deine Werke: du hast den Namen, daß du lebest, und bist doch tot« (Offb. 3, 1c). Wenn der HErr sagt: »*Ich bin das Licht*« (Joh. 8, 12a), so wird dadurch klar: Er in Seiner Person ist der Lichtträger. Damit ist gesagt, daß man das göttliche Licht nicht auf Vorrat haben kann. Man kann es nicht auf Lehrsätze ziehen. Man kann es nicht in kirchliche Einrichtungen, Anstalten, gottesdienstliche Ordnungen einfangen. Es weicht unvermeidlich aus alledem, wenn die Berührung mit dem Auferstandenen durch den Heiligen Geist aufgehört hat. Nur in der praktischen und täglichen Nachfolge, nur in den Fußstapfen des Lammes und in der ständigen Selbstverleugnung kann man das Licht des Lebens haben (Joh. 8, 12b), anders nicht.

Allzu lange haben wir uns über den weithin in der Kirche herrschenden geistlichen Tod hinweggetäuscht und uns bei dem Gedanken beruhigt, daß die Wirkungen des Heiligen Geistes eben geheimnisvoll und unsichtbar seien und sich unserer Feststellung entzögen. Die Apostel hingegen waren durchaus nicht der Meinung, daß das Vorhandensein oder Fehlen des Heiligen Geistes nicht feststellbar wäre. Im Gegenteil. Die zwölf frommen Männer, die Paulus in Ephesus antraf, hatten den Heiligen Geist, obwohl sie gläubig waren, zunächst offensichtlich *nicht*[7a]; nach der Handauflegung durch den Apostel aber haben sie ihn — wiederum offensichtlich! —

[7a]   Vgl. dazu R. *Bohren:* »Die Schrift berichtet uns von Jüngern, die den Heiligen Geist nicht kannten. Offenbar kann es Gemeinden Jesu Christi geben, ohne den Heiligen Geist, Gemeinden ohne das Wesentliche, doch wird dies nicht als Normalzustand angesehen.

empfangen (Apg. 19, 1—7), um nur dieses eine Beispiel aus
der Fülle der biblischen Belege anzuführen. Wenn man auch
— wie beim Wind — nicht weiß, von woher er kommt und
wohin er geht, so hört man doch sein Sausen wohl, sagt der
HErr selbst (Joh. 3, 8); man kann also feststellen, wenn der
Wind weht, und ebenso kann man das Fehlen des Windes
(die Windstille) deutlich merken, wenn die Segel schlaff sind
und das Fahrzeug nicht vom Fleck kommt. »So ist es mit jedem aus dem Geist Geborenen« (Joh. 3, 8c). Der Heilige Geist
ist in dem Sinne nichts Mysteriöses, daß es gar nicht festzustellen wäre, ob Er da ist oder nicht. Über Sein Vorhandensein oder Fehlen ist nicht zu disputieren: das eine wie das andere spürt man. Man kann es deutlich merken, ob es in einem
Menschenleben oder im kirchlichen Leben göttlich vorwärts
geht, oder ob trotz allen Eiferns und Hastens Stillstand
herrscht. Man müßte taub und blind sein, wenn man das
nicht merken würde. Allerdings besteht für uns die Gefahr,
daß wir nach dem Wort des erhöhten HErrn tatsächlich blind
sind und uns über unseren wahren Zustand täuschen, so daß
Er uns sagen muß: »Ich rate dir, daß du dir Augensalbe kau-
fest, damit du deine Augen salben kannst und sehend wirst!«
(Offb. 3, 17 f.). Wer sich jedoch einen klaren, nüchternen
Blick für die Wirklichkeit hat schenken lassen, dem bleibt das
Feuer des Geistes, wo es brennt, nicht verborgen. Aber so
deutlich man das Wirken des Geistes auch spüren kann, wenn
es da ist, so wenig kann ein Mensch über dieses Wirken ver-
fügen und berechnen, woher es kommt. Niemand kann wissen, ob er vor der Überraschung gesichert ist, daß Gottes
Winde, wenn sie einmal wehen, ganz woanders herkommen,
als es erwartet wurde.

Ganz verkehrt aber erscheint es mir, zu meinen, man
könne, um den Heiligen Geist zu empfangen, nichts anderes

Diesem Zustand soll ein Ende bereitet werden (Apg. 19, 1—7)!«
(a. a. O., S. 187.) — Und weiter ebd.: »Die Laienfrage und die Frage
nach dem Heiligen Geist hängen aufs innigste zusammen . . ., die
Laienfrage *ist* die Frage nach dem Heiligen Geist . . . Für uns stellt
sich nicht die Frage, ob wir die Leute haben, die Frage stellt sich
vielmehr, ob die Leute den Geist haben. Wir haben darum primär
nicht von Aktivierung der Laien zu reden, sondern vom Kommen
des Geistes« (S. 45 f.).

tun, als darum zu bitten, und im übrigen müsse man eben warten, ob Er überhaupt und wann Er vielleicht komme. Das ist eine grundsätzliche Verkennung der heilsgeschichtlichen Situation, in der wir uns befinden. Das Warten auf den Heiligen Geist war die Aufgabe der Jünger *vor* Pfingsten gewesen, wie sie ihnen der HErr bei Seiner Himmelfahrt gegeben hatte. Mit Pfingsten aber ist eine völlig neue Lage eingetreten. Nun ist der Heilige Geist *da* — vorher war Er in diesem Sinn »noch nicht da« (Joh. 7, 39b) —, und weil Er da ist, will Er auch von *allen* Herzen, die sich dem HErrn Jesus öffnen, Besitz ergreifen. Deshalb wäre es Undank, Unglaube und Mißachtung dessen, was Gott Seiner Gemeinde durch Pfingsten gegeben hat, wenn wir jetzt noch auf den Heiligen Geist warteten. Im Gegenteil, jetzt ist die Lage gerade umgekehrt: nicht *wir* haben auf den Heiligen Geist zu warten, sondern *der Heilige Geist wartet auf uns*, wann wir endlich bereit sind, unser Leben Seiner Leitung und Herrschaft vorbehaltlos zu unterstellen. Genau das ist gemeint, wenn der erhöhte regierende Christus sagt: »Siehe, Ich stehe vor der Tür und klopfe an; wenn jemand Meine Stimme hören und daraufhin die Türe auftun wird, dann werde Ich zu ihm hineingehen . . .« (Offb. 3, 20). Ja mehr noch: Der Vater selbst hat uns lieb und wartet auf uns — gilt doch noch heute Sein Wort: »Den ganzen Tag habe Ich Meine Hände ausgebreitet nach einem widerspenstigen Volk, nach solchen, die den schlimmen Weg wandeln, ihren eigenen Gedanken nach« (Jes. 65, 2 == Röm. 10, 21). Es ist also keine Frage: Der dreieinige Gott wartet darauf, daß der einzelne Mensch persönlich umkehrt und sein Leben Ihm hingibt. Wo das aber geschieht, da wird der Heilige Geist nicht zögern, das Herz dessen, der sich ausgeliefert hat, mit Beschlag zu belegen für Jesus: ». . . und zu ihm werden Wir kommen und Uns eine Wohnung bei ihm machen«, hat Er zugesagt (Joh. 14, 23). Das aber geschieht durch den Heiligen Geist, den Gott denen gibt, die *Ihm gehorchen* (Apg. 5, 32b). Der dreieinige Gott wartet aber nicht nur auf den einzelnen, sondern auch auf die Gemeinden, ja auf Seine Kirche, daß sie ihren Mangel erkenne und in eine gemeinsame Beugung und Umkehr eintrete (vgl. die Sendschreiben der Offenbarung!). Er spricht die ganze Ecclesia an. Dabei ist oft ein einzelner, der sich rückhaltlos seinem Gott zur Verfügung stellte, das Werkzeug des Heiligen Geistes dazu geworden, daß die Erweckung in einem ganzen Bruderkreis, in einer ganzen Gemeinde, in einem ganzen Landstrich durchbrach, denn sie will ja nicht beim einzelnen stehen bleiben, sondern die Kirche als Ganzes erfassen. »Wer Ohren hat, der höre, was der Geist *den Gemeinden* sagt!« (Offb. 2, 7a. 17a. 29 etc.). Jedenfalls trifft die Verantwortung dafür, ob wir den Heiligen Geist haben oder nicht, uns selbst, — sonst könnte uns Gott ja nicht den Befehl geben: »Laßt euch erfüllen mit dem Geist!« (Eph. 5, 18b).

Wenn also die Kirche sich mit ihrem Mangel an Heiligem Geist abfindet, dann ist das nicht nur Unglaube, sondern Ungehorsam — ein Ausweichen dem obigen Befehl Gottes gegenüber. Wie groß aber ist die Versuchung, sich für das fehlende Geistesleben, Geisteswirken, Geistesfeuer irgendeinen Ersatz, diese und jene *Surrogate* zu suchen, durch die und in denen die Kirche sich dann doch gefallen, durch die und in denen sie dann doch mit sich zufrieden sein kann! Zu gerne möchte wie der einzelne, so auch die Kirche eben doch in irgendeiner Weise und in irgendeinem Sinne von sich sagen können: »Ich bin reich!« (Offb. 3, 17).

Viele Mittel und Wege hat man gefunden, um das Fehlen echten Geisteslebens durch um so eifrigere kirchliche Betriebsamkeit zu vertuschen: Gut besuchte Vorträge über »aktuelle« Themen werden gehalten, erhebende kirchenmusikalische Veranstaltungen werden inszeniert, die Zahl der Abendmahlsfeiern wird vermehrt, christliche Liebestätigkeit wird organisiert, kirchliche Wochen werden abgehalten, immer noch mehr Gemeindekreise werden gebildet, die Kirchen werden vereinigt, der Katechismus wird — wenn auch nicht gerade verbessert, so doch jedenfalls revidiert, das Gesangbuch wird gesäubert und die Liturgie erneuert. Davon kann gewiß manches gut und nützlich sein, aber es darf nicht zum Surrogat werden.

Vor allem darf die Liturgie nicht zum Ersatz für Erweckung werden. Das aber ist der Fall, wo man mit schlafenden, toten Gemeinden liturgische Experimente macht, wie es heutzutage in Deutschland so vielfältig mit großem Aufwand an Zeit, Mühe und Kraft geschieht. Hier gilt, was der schwedische Bischof Bo Giertz, der selbst vom hohen Wert der Liturgie für eine erweckte Gemeinde in überzeugenden Worten spricht, gesagt hat: »Liturgie ohne Erweckung ist vielleicht das gefährlichste aller kirchlichen Programme. Es ist möglich, den Gottesdienst zu verschönen, einen Kirchenchor zu beschaffen, wohlbesuchte Vespern zu veranstalten und auch eine gewisse Vermehrung der Anzahl der Abendmahlsgäste zu erreichen, ohne daß eigentlich irgendein einziger Mensch ernstlich sich gefragt hat: Wie mag ich Sünder erlöst werden? Da wir alle von Natur überzeugte Pharisäer sind und alle gleich selbstverständlich sicher sind, durch unsere Werke selig werden zu können, so bedeutet eine liturgische Erneuerung ohne entsprechende Erweckung des Gewissens nichts anderes, als daß eine gewisse Anzahl von Menschen begonnen hat, eine gewisse Anzahl frommer Übungen in der Überzeugung durchzuführen, daß sie nun Sicherheit gewährende Einzahlungen auf das himmlische Sparkonto geleistet haben. Mit einer solchen Erneuerung kann sogar der Teufel recht zufrieden sein. — Die Liturgie kann nämlich eine fast undurchdringliche Rüstung für den alten Menschen werden.«[8]

So wird die Erneuerung der Liturgie wie auch die Erneuerung der Theologie *verwechselt* mit dem neuen Leben, von dem das Neue Testament spricht und das allein der Geist Gottes schaffen kann. Welch ein Betrug des Teufels aber ist es, wenn solche Verwechslung nicht nur bei einzelnen aus Versehen vorkommt, sondern wenn diese Verwechslung durch die Theologie geradezu zum Prinzip erhoben wird! »Wie schrecklich, daß es eine Theologie der Verwechslung gibt!« (W. Stählin).

Hier heißt es, ernst zu machen mit dem eingangs erwähnten Wort des HErrn: »Der Geist allein ist es, der lebendig macht; das Fleisch nützt überhaupt nichts.« Wie schwer fällt es uns doch einzusehen, daß dieses vernichtende Wort auch für das *fromme* Fleisch Geltung besitzt! Das heißt also dann: Die besten und frömmsten Bemühungen, wohlgemeinte Unternehmungen, die bestdurchdachten Neuerungen auf den verschiedenen Gebieten des gemeindlichen und kirchlichen

[8] Aus: Sendschreiben an die evangelische Christenheit. Göttingen 1951. S. 40 ff.

Lebens und die sauberste Theologie *nützen nichts*, solange das Geistesfeuer der Erweckung fehlt. Der regelmäßigste Kirchgang, der gewissenhafteste Abendmahlsbesuch, die großzügigsten Spenden unserer Kirchenchristen nützen nichts, solange ihnen die Wiedergeburt und Erneuerung durch den Heiligen Geist fehlt. Der beste Ruf als glänzender Kanzelredner und hochgebildeter Theologe, der schönste Glanz einer erfolgreichen Statistik des Gemeindelebens, alle Verdienste, die wir uns in langen Amtsjahren als Pastoren erworben haben, nützen nichts, solange uns die Salbung und Vollmacht des Heiligen Geistes fehlt und wir nicht im Hinblick auf unseren Heroldsdienst mit gutem Gewissen sagen können, was Paulus von dem seinigen geschrieben hat: »Unsere Verkündigung der Frohen Botschaft ist *nicht allein mit Worten* erfolgt, sondern vielmehr auch in Kraft und im Heiligen Geist und mit großer Gewißheit« (1. Thess. 1, 5). — Ebenso aber muß betont werden: Das gewandteste Beten und der größte Bekehrungseifer der Bekehrten, die erbaulichsten Gemeinschaftsstunden und -konferenzen *nützen nichts,* wenn der fromme Hochmut, die fromme Eitelkeit, der fromme Richtgeist, die fromme Selbstsucht und Selbstgerechtigkeit dahintersteckt und der Heilige Geist nicht Demut und selbstlose Liebe hat wirken können.

Es gilt für uns schriftkundige Pastoren, es gilt für die gut kirchlichen Gemeinden, es gilt für die bekenntnistreuen Kirchen ebenso wie für die Bekehrten, die frommen Kreise und Gemeinschaften — für alle in gleicher Weise: der Buchstabe tötet; nur der Geist macht lebendig! Denn nur der Geist kann uns den Namen *Jesus* verklären; nur der Geist kann uns Jesu Herrlichkeit zeigen, Jesu Siegesgewalt offenbaren, daß Er uns groß und lebendig vor Augen trete als der HErr und Messias, das A und das O, der Ursprung und das Ziel, der Bahnbrecher und Vollender des Glaubens. Und nur der Geist ist es, der den HErrn Jesus *in* uns verklären kann, damit wir Ihm ähnlich werden, denn so steht geschrieben: »Wir alle aber werden, indem wir mit unverhülltem Angesicht die Herrlichkeit des HErrn anschauen und sie zugleich wie ein Spiegel zurückstrahlen, in Sein Ebenbild verwandelt von Herrlichkeit zu Herrlichkeit, da es ja vom HErrn, dem *Geist,* geschieht«

(2. Kor. 3, 18). Alles Wirken des Geistes zielt ja daraufhin, daß in der Kirche Gottes auf Erden nicht die Pastoren mit ihrem guten Willen maßgebend seien, sondern der HErr *Jesus* selbst die Herrschaft inne habe und ausüben könne, in den Seinen sich verkläre und durch sie sich bezeuge, bis schließlich einmal alle Knie sich vor Seinem Namen beugen und Ihn als den HERRN bekennen werden zur Ehre des Vaters.